KB170117

내 뜻대로 이루어지는 힘

옮긴이 **박광종**은 경희대 사학과를 졸업하고 수년간 출판사에 근무하였으며,
현재는 번역가로 활동중이다.
주요 번역서로는 「강가에서 보낸 아름다운 나날들」 「썩지 않는 소금과 같은
삶을 살기 위하여」 「인생의 기적을 낳는 7가지 생활습관」 등이 있다.

내 뜻대로 이루어지는 힘

개정판 1쇄 발행일 : 2021년 6월 20일

지은이 : 시오야 노부오
옮긴이 : 박광종

펴낸곳 : 기원전출판사
펴낸이 : 정태경
출판등록 : 제22-495호
주소 : 서울시 송파구 토성로 38-6, 상가 304호
전화 : 488-0468
팩스 : 470-3759
e-mail : giwonjon@naver.com

ISBN : 978-89-86408-71-3

내 뜻대로 이루어지는 힘

시오야 노부오 의학박사 지음

박광종 옮김

기원전

차 례

2 바른 호흡이 바른 생활방식의 첫걸음

누구나 행복해지는 법

모두가 추구하는 행복의
네 가지 조건

'아, 행복해지고 싶다!'

이렇게 막연히 행복을 바라는 사람이 많을 것입니다. 그런데 그 행복이란 도대체 무엇일까요? 지금 자신의 무엇이 어떻게 되었을 때 우리는 커다란 행복 혹은 소소한 행복감을 느끼며 스스로 만족할 수 있을까요? 그 행복의 '질'에 대하여 생각하는 사람은 의외로 매우 적은 것 같습니다.

사람의 불행은 각양각색이지만, 행복은 누구나 비슷비슷하다는 말이 있습니다. 하지만 현실적으로는 행복도 불행과 마찬가지로 사람마다 그 기준이 달라서, 무엇을 그리고 어떤 상태를 행복이라고 느끼는가는 천차만별입니다. 그래서 모든 사람이 공통적으로 생각할 만한 행복의 조건에 대하여 내 나름대로 다음의 네 가지를 간추려 보았습니다.

- **건강 · 장수**
- **풍요로운 생활**(경제적 기반)
- **일과 인생에서의 성공**
- **안정된 마음**(안심입명)

이 행복의 조건에 관한 구체적인 내용은 나중에 다시 언급하겠지만, 첫 번째로 말한 건강 · 장수가 행복의 전제조건이라는 데는 모두 동의할 것입니다. 또한 남아돌 정도의 자산은 필요 없지만 하루하루 살아가는 데 어려움 없이 편안한 마음으로 생활할 수 있을 정도의 경제적 여유, 안정된 생활도 행복의 기반이 될 것입니다.

그리고 일과 인생에서의 성공, 그것은 화려한 사회적 성공만을 의미하지는 않습니다. 자기 나름의 목표와 목적을 달성하고 사명과 천명을 완수하는 것, 그 뿌듯함도 인간의 행복에서 빠질 수 없는 것이겠지요.

마지막으로 안정된 마음, 이것은 누구에게나 필요한 조건은 아닐지도 모르겠습니다. 하지만 자신의 '천명'을 깨달아 편안하고 일말의 불안도 없는 '안심입명(安心立命)'의 경지, 이런 정신적 안정이나 고요한 마음 상태를 늘 유지하는 것도 행복에 필요할 것입니다.

건강, 돈, 성공(삶의 목적), 마음의 안정…… 그렇다면 어떻게 해야 이러한 행복을 얻을 수 있을까요?

행복의 양상은 사람마다 다르겠지만, 그 행복을 가능하게 만드는 방법은 의외로 간단하며 누구에게나 통용되는 방식이 있습니다. 말하자면 내가 고안하여 완성시킨 복식호흡법—나는 이것을 정심조식법(正心調息法)이라고 이름 붙였습니다—을 실천하는 것이 유일하지는 않을지라도 누구나 행복을 찾을 수 있는 최선의 방법이라고 나는 생각합니다.

정심조식법이란 깊은 호흡, 바른 마음, 강한 상념(想念) 및 이

미지의 3요소로 이루어집니다. 그것은 몸과 마음을 건강하게 함은 물론이고 확고한 일상생활과 모든 소망을 달성할 수 있도록 해주는 묘법이기도 합니다. 먼저 '조식(調息)'이라는 호흡법에 의해서 산소를 체내에 충분히 공급함으로써 건강을 얻을 수 있습니다. 또한 평소 생활 속에서의 마음 자세를 뜻하는 '정심(正心)', 즉

- 모든 일을 긍정적 · 적극적으로 생각하고
- 감사의 마음을 잊지 않으며
- 불평을 하지 않는다.

이 3원칙을 중심으로 바른 마음 자세를 일상생활 속에서 실천함으로써 좋은 상념을 자신의 마음속에 형성해 갑니다. 그리고 경우에 따라서 그 좋은 상념, 선한 생각을 강하게 작동시킴으로써 모든 일을 가능하게 하고 자신의 뜻대로 이루어지게 할 수도 있습니다.

따라서 이 정심조식법을 실행함으로써 누구나 틀림없이 인생의 행복을 얻을 수 있을 것입니다.

100세 노인인 나 자신이야말로
가장 좋은 본보기

무엇보다도 나 자신이 그것을 꾸준히 실천하면서 행복을 누리고 있는 사람의 본보기가 아닐까요? 이 사실만으로도 정심조식법의 효과를 분명히 짐작하리라 생각합니다.

그 중에서도 특히 건강·장수에는 자신이 있습니다. 100세의 고령에도 불구하고 지병이 없는 건강한 몸으로 누군가의 보살핌을 받기는커녕 매일 아침 내가 사는 맨션 옥상에서 한 시간 정도 골프 연습을 하고, 일주일에 한 번은 코스에도 나가 젊은 사람들과 필드를 돕니다.

체력과 건강 정도는 60세 수준이고, 식사와 배설은 물론 나 스스로 처리하며, 치아도 의치가 아닌 내 것입니다. 체력뿐만 아니라 기억력이나 머리를 쓰는 일에도 뒤떨어지지 않으며, 책도 읽고 원고도 씁니다. 강연에 초청받아서 나가면 한 시간 이상 큰소리로 이야기하기도 합니다. 그래서 "참 대단하다."고 놀라워하며 눈을 휘둥그렇게 뜨거나 부러워하는 사람도 많습니다.

그러나 나는 아직 장수(長壽)하는 것은 아니라고 스스로 평가하고 있습니다. 인간은 누구나 100세까지 사는 것이 당연하고 그 이후가 진짜 장수이기 때문입니다.

인간의 뇌세포는 20세 정도까지는 성장하지만 그 이후로는 쇠퇴해 갑니다. 그 5배인 100세가 인간 육체의 수명이라고 생각합니다. 따라서 100세인 나는 이제 본래 수명까지 산 셈이니 아직 장수하고 있다고 자랑하지 않을 작정입니다.

게다가 자리보전하고 누운 채 생활하거나 치매에 걸려 보살핌의 손길 없이는 하루도 생활할 수 없는 상태로 겨우겨우 생명을 유지해 간다면, 그것은 장수한다고 할 수는 있어도 건강하게 장수하고 있다고 말할 수는 없습니다.

나처럼 남의 신세를 지지 않고 몸과 마음의 건강을 유지하며 일상생활을 혼자 힘으로 해나가는 자립적 노인 상태로 100세를 넘는다면, 다시 말해 건강과 장수를 다 갖추었을 때 비로소 오래 산다고 말할 수 있을 것입니다.

물론 다시 젊어질 수는 없지만 나는 건강한 상태로 100세를 맞이할 자신이 충분히 있었습니다. 그런 나를 괴상하게 여기는 사람도 있는데 어쩌면 실제로 그런지도 모르겠습니다. 하지만 나는 결코 신에게 선택받은 특별한 사람이 아닙니다. 어디서나 흔히 만날 수 있는 평범한 할아버지일 뿐입니다.

내가 **남들과 다른 점이 있다면, 깊은 호흡을 계속해 왔다는 것입니다.** 또한 언제나 **바른 마음가짐으로 살며 생각의 힘을 믿고 상념의 힘을 발휘해 왔다는 것입니다.** 그것이 나에게 건강·장수를 가져다주었고, 그 결과 내가 원하는 대로 인생을 행복하게 해주었습니다.

따라서 여러분도 오늘부터라도 그것들을 실천한다면, 내일은 건강과 원하는 대로 운명을 개척하는 힘을 얻을 수 있을 것입니다. 나는 그 본보기에 지나지 않으니 이 책도 그런 의미에서 읽어 주시면 좋겠습니다.

인간의 생각이 모든 것을 바꾼다

세상의 모든 일에는 원인이 있고 그 결과가 생기는 법입니다. 사회적으로나 과학적으로 볼 때 무(無)에서 유(有)가 나올 수는 없는 것이 우리가 배운 상식이지요. 삼라만상을 보더라도 아무것도 없는 '0(영)'과 '공(空)'에서 어떤 현상과 실체를 만들어내는 것은 불가능하게 보입니다.

다만, 내가 생각하기에는 거기에 단 두 가지의 예외가 있습니다. 하나는 신(神)의 뜻이고, 또 하나는 인간의 '마음'입니다. 인간의 '마음'이란 "그렇게 되라."고 강하게 생각하고 바라고 염원하는 상념의 힘을 말합니다. 그것은 무(無)에서 유(有)를 낳고, 불가능한 일을 가능하게 만드는 불가사의한 소망 달성의 원천이 됩니다.

그럼 자신이 바라고 염원하는 대로 되는 상념의 힘에 대하여 좀 더 설명해 보겠습니다.

① **강하게 원하면 그 일은 반드시 이루어집니다.** 강한 상념

과 그것을 이미지화하는 힘이 그 사람의 생각을 실현시키고 일을 성취시키는 에너지가 되는 것입니다.

② 그렇게 생각하는 힘은 **인생 전반에 영향을 미쳐 모든 일을 마음먹은 대로 이루어지게 만듭니다.** 질병을 치료하고 몸을 건강하게 유지시킬 뿐만 아니라 마음의 평온과 정신적 안정에도 크게 기여하여 그 사람의 '인품'까지도 향상시킵니다. 또한 업무적으로도 성공을 가져다주어 인간관계를 호전시키고 더 나아가서는 세계 평화도 실현하게 됩니다. 인생의 모든 면에서 소망을 달성시키는 불가사의한 힘이라 할 수 있습니다.

③ 다만, 상념의 힘을 충분히 발휘하기 위해서는 **깊은 호흡을 하고 매일매일의 마음가짐과 생활 태도를 바르게 유지**할 필요가 있습니다. 말하자면 '정심조식법(正心調息法)'을 실천하는 것입니다.

④ 정심조식법이란 내가 만든 복식호흡법으로, 바른 마음가짐과 태도를 의미하는 '정심(正心)'과 우주의 무한한 힘을 체내에 받아들이는 호흡법인 '조식(調息)'의 두 가지로 이루어져 있습니다. 그것은 우주에 가득 차 있는 깊고도 위대한 힘을 호흡에 의해 체내로 섭취하고, 또한 그것을 상념이라는 형태로 외부로 내보냄으로써 원하는 일이나 소망을 달성하는 거의 유일한 방법이라고 생각합니다. 또한 어려움을 극복할 뿐만 아니라 인생을 자신이 원하는

대로 바르게 살아가기 위한 뛰어난 지혜이기도 합니다.

⑤ 인간 누구에게나 내재되어 있는 상념의 힘은 우주의 무한한 예지와 보이지 않는 힘으로 유지되고 있으며(바꿔 말하면, 사람이 갖고 있는 생각의 밑바탕에는 신의 뜻이 있으며), 그것을 효과적으로 발휘하기 위한 방법이 바로 정심조식법이라 할 수 있습니다.

이 책에서는 이러한 내용을 중심으로 자신이 마음먹은 대로 이루어지는 상념의 힘의 본질과 효과, 그리고 그 방법에 대하여 몇 가지 구체적인 사례를 들어 소개하고자 합니다.

모든 것은 '생각'으로 가능하다는 점, 인간의 생각하는 힘은 물이나 풀·꽃과 같은 생물 또는 물질의 성질과 상태까지도 변화시킬 수 있다는 점, 또한 강하게 바라는 것뿐만 아니라 '차분히 생각하는' 것과 '문득 생각하는' 것의 효과, 즉 그 순간만 집중하여 생각하는 것이 아니라 항상 '좋은 상념'을 마음에 품고 살아가는 것의 중요성에 대해서도 언급할 것입니다.

상념이라는 것은 진동과 파동, 기(氣)라는 형태로 자연스럽게 주위에 전해지고 영향을 미칩니다. 따라서 나쁜 상념을 품고 있는 사람 곁에 있으면, 뇌가 그 나쁜 기운을 자동적으로 포착하고 그의 생각도 점점 나쁜 색으로 물들어 가겠지요. 한편 좋은 상념을 가진 사람, 예를 들어 늘 남의 병이나 자신의 병을 '치유하고자' 하는 생각이나 세계 평화를 기원하는 마음을 가진 사람과 가까이 있으면, 그의 마음도 자연히 치유와 평화를 바라는 온화한 마음이 될 것입니다.

이는 사람뿐만 아니라 주위 장소나 자연, 사물에게도 똑같이 영향을 미칩니다. 부드럽고 온화한 품성으로 좋은 상념을 지닌 사람의 집에 있는 식물은 생기 있게 잘 자라며 좀처럼 시들지 않습니다. 심지어 물통과 컵 속의 물에도 그 좋은 생각이 전해져 물의 성질이나 결정조차도 좋은 방향으로 바뀌어 버립니다.

따라서 중요한 것은 **강한 상념을 발하고 동시에 '좋은 생각을 지닌 사람이 되는 것'**입니다. 그러려면 평소에 자신의 인간성을 함양하기 위한 노력을 해야겠지요. 상념의 힘에 인간의 힘이 더해질 때 자재력(모든 것이 자신의 뜻대로 자유자재로 되는 힘)의 효과도 최대로 높아지기 때문입니다.

생각의 힘을 의심하는 사람에게는 믿기 어려운 일이겠지만 이 책에서는 그러한 예도 소개할 작정입니다. 그리고 호흡과 산소의 중요성은 물론이고, 정심조식법의 실천 방법에 대하여 보다 상세히 서술함으로써 그것을 활용하여 무병장수하며 풍요롭고 행복한 인생을 보낼 수 있도록 그 방법을 알려드릴 것입니다.

사람은 뜻대로 되지 않던 일을 깊은 호흡과 강한 상념에 의해서 뜻대로 되도록 바꾸고, 무에서 유를 만들어내며, 인생을 자신의 생각대로 살아갈 수가 있습니다. 이 책에서는 그 방법에 대하여 보다 폭넓고 깊이 있게 써볼 생각입니다. 이제 100

세를 맞이한 이 늙은이의 유언이라고 생각하고 차분히 읽어 주시기 바랍니다.

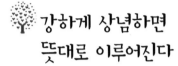

강하게 상념하면 뜻대로 이루어진다

나는 모든 종교에 대하여 일정한 거리를 두고 있으며, 따라서 특정 종교를 편드는 일도 없습니다. 그러나 역사에 이름을 남긴 종교나 성인들 중에는 존경할 만한 위대한 인물이 많고, 그들이 사물의 본질을 꿰뚫어보는 예리한 통찰력을 지녔다는 사실은 압니다.

그리스도교에는 이러한 가르침이 있습니다.

'하느님께 기도할 때 그 기도는 이미 이루어진 것이다.'

참으로 훌륭한 말이라고 생각합니다. 말하자면, **기도한 시점에서 이미 그 기도는 이루어진 것이나 다름없다**는 말입니다. 기도나 소원을 하느님이 들어주셨든 안 들어주셨든 우리가 그렇게 강렬하게 염원하면 이루어지는 것입니다. 이는 몇 번이고 음미해야 할 깊은 예지가 담긴 말입니다.

이러이렇게 해주기를 기원합니다. 이러한 일이 이루어지기를 기원합니다……. 우리는 통상적으로 그렇게 원하며, 또 그렇게 되었을 때는 '아, 소원이 이루어졌다. 하느님이 내 기도를 들어주셨다.'고 생각합니다. 그러나 이는 하느님과 인간의 관계를 일종의 거래 관계로 생각하는 것이나 다름없습니다. 자신이 염원한 것에 대한 보답으로서 하느님이 주신 것이라는 뜻으로 여겨지기 쉽습니다.

하느님의 힘(내가 말하는 우주무한력)은 그런 식으로 주고받는 거래 관계 속에서 '선물'을 주는 행위가 아닙니다. 그것은 즉시 주는 것입니다. **기도는 즉시 이루어지고, 소망은 순식간에 현실화됩니다.** 하느님(우주무한력)은 그런 힘을 소유하고 있기 때문입니다.

그러나 **그 조건으로서, 완료형으로 '이미 그렇게 되어 있는' 모습을 강하게 마음속에 떠올리거나 또는 이미 성취되었다고 단정하는 것이 중요합니다.** 이 같은 단정이나 완료형의 인식에 의해 강한 상념이 생겨 유자(幽子, 3차원 세계와 4차원 세계의 경계에서 물질과 마음의 세계를 이어주는 존재)의 차원에서 소망이 이루어지고, 나아가서는 강하게 상념함으로써 마치 렌즈로 빛을 모으듯이 우주무한력이 모아져 3차원의 물질세계에서도 소원이 실현되는 것입니다.

난치병을 치료할 때 '치료해 주세요.' 또는 '병이 낫도록 해주세요.'라고 말해서는 안 됩니다. 사업을 성공시키고 싶을 때 '성공하도록 도와주세요.' '성공하게 해주세요.'라고 말해서도 안 됩니다. '치료되었다' '성공했다'라고 완료형으로 단정지어 말하도록 합니다. 단순히 소망하거나 염원하는 것보다도 단언할 때 상념은 더욱 강렬한 힘을 발휘하며 실현성이 높아지기 때문입니다.

목표가 터무니없이 클 경우 염원이 현실 세계에서 이루어지는 일은 많지 않습니다. 이는 세계 평화를 염원하는 사람은 많지만 지구상에서 분쟁은 여전히 일어나고 있는 사실로도 알 수 있습니다. 많은 사람들이 세계 평화를 위해 단순히 염원하는 것뿐만 아니라 '세계 평화는 이미 이루어졌다.'라고 단언하고, 그 이미지를 강하게 떠올린다면 세계 평화는 반드시 실현될 것입니다.

 ## 필요한 돈을 모으는 일은 식은 죽 먹기

최근 한 젊은이가 자신에게 '기적'이 일어났다며 상념의 힘에 대한 예를 전해 왔습니다. 염원을 강하게 이미지화하여 상상한 결과 필요한 돈이 필요한 만큼 손쉽게 조달될 수 있었다는 것입니다.

교토에 사는 젊은 음악가인데, 그녀는 신시사이저 연주자였습니다. 매스컴에서 볼 수 있는 유명인은 아니지만, 〈10만 명과 만나는 콘서트〉라는 제목으로 손수 기획한 작은 콘서트를 전국 구석구석 누비며 열고 있다고 합니다.

'스스로 땀을 흘리지 않는 콘서트는 생각할 수 없다.'는 것이 그녀의 모토입니다. 무게가 300kg이 넘는 악기와 도구들을 차에 싣고 남편과 둘이서 전국 곳곳으로 다니는데, 콘서트 기획 단계에서부터 연주 준비와 뒤처리까지 모두 그들 스스로 해결합니다.

콘서트 장소도 한적한 시골마을과 초등학교뿐만 아니라 중증장애인 시설과 교도소 위문에 이르기까지 실로 다양하여 정말 많은 계층의 사람들과 음악을 통해 깊이 교류하고 접촉해 왔습니다. 말하자면 성공과 돈벌이보다는 사람과의 만남에 의미를 둔 음악활동이라고 할 수 있겠지요. 5년 동안 350여 곳에서 콘서트를 했다는 사실만으로도, 유명해지는 일보다는 많은 사람들에게 기쁨을 주는 것이 더 소중하다는 그녀의 '생각'은 보여주기 위한 것이 아니라 진심이었음을 분명히 알 수 있을 것입니다.

몇 년 전부터는 해외에까지 활동 무대를 넓혀 유럽 등에서도 연주를 해왔는데, 국내에서와는 달리 국외 연주는 왕복 항공비 등을 포함해 경비가 훨씬 많이 들기 마련입니다. 그래서 대부분은 '적자투성이'를 면치 못해 자신의 주머닛돈까지 털어 넣는 경우가 많았다고 합니다. 이번에도 프랑스 일대의 30여 소도시에서 50일에 걸쳐 대규모 공연을 하기로 결정되었는데, 그에 앞서 가지고 있던 자금이 거의 바닥나 버렸습니다.

그래서 어떻게든 마련해 보려고 여기저기 뛰어다녔지만 여

의치 않았습니다. 달리 방법이 없다고 낙담하며 그녀는 사가현에 사는 친구에게 마지막으로 의논을 했습니다. 그 친구가 우연히도 내 책의 열렬한 독자였고, 정심조식법 실천자였습니다. 그래서 그 친구는 '아주 좋은 방법이 있다.'며 나의 정심조식법을 그녀에게 가르쳐주었고, 그녀는 녹화한 비디오를 보며 곧바로 실행하기 시작했습니다. **깊은 복식호흡을 하면서 자신이 연주하는 음악을 듣고 해외의 관객들이 즐거워하는 장면을 또렷이 떠올림과 동시에** '500만 엔(円)이 모였다. 500만 엔이 모였다.'고 **이미 이루어진 일처럼 상념하며 완료형으로 단정지어 말하기를 되풀이**했습니다.

이때 100만 엔짜리 돈뭉치 5개가 묵직하게 눈앞에 놓이는 모습도 함께 생생하게 떠올렸다고 합니다(500만 엔이라고 한 것은, 그것으로 적자가 해소될 수는 없지만 당장 필요한 최소 금액이었을 것입니다). '~해 주세요.'도 '~하고 싶다.'도 아니라 이미 모인 것으로 단정짓고, 상념을 발하면서 그 성공 장면을 강하게 이미지화시켰던 것입니다.

그 효과는 매우 크고 또한 즉각적인 것이었습니다. 전에 신청했을 때는 확실한 대답을 주지 않았던 한 재단법인에서 갑자기 250만 엔의 융자를 허락한 것을 시작으로, 한 지인이 100만 엔이라는 후원금을 모아오는 등 출국 전까지 결국 570만 엔 정도가 모아졌습니다.

호흡 · 상념 · 내관(內觀, 마음으로 보는 것, 이미지) · 단언, 이것들이 하나가 된 정심조식법을 실천함으로써 뜻밖에도 소망이 실현되었고, 그녀는 무사히 프랑스 공연 길에 나설 수 있었습니다. 공연은 어디서나 대성황이어서 성공리에 막을 내렸다고 합니다.

상념의 힘을 믿지 않는 사람에게는 꿈속에서나 있을 법한 얘기로 들리겠지만, 순수하게 믿는 사람에게는 내일이라도 현실화될 수 있는 이야기입니다. 좋은 생각, 강한 생각은 마치 호수의 물결처럼 점점 주변으로 전파되어 사람이나 그 장소를 변화시켜 갑니다. 이것은 그 좋은 예라 할 수 있겠지요.

 ## 평소의 '좋은 상념'이 '좋은 현실'을 불러온다

이 예에서도 분명히 알 수 있듯이, 정말로 그 사람에게 필요한 것이라면 강하게 상념함으로써 획득 과정 따위는 모두 뛰어넘어 그것을 곧바로 얻을 수 있습니다. 바꿔 말하면, 강력한 소망과 현실적인 이미지 상상이 필요한 사항을 그 자리에서 즉시 '현실로' 일어나게 만든다고 할 수도 있겠지요.

다만, 이 사례에서 특히 **유의해야 할 것**은 그녀가 자신의 욕심에서가 아니라 필요성 때문에 '돈이 모였다!'고 염원했다는 점입니다. 내게 보낸 감사 편지에서도 '돈 문제를 염원하는 것이 괜찮을까 생각했지만, 콘서트를 통해 일본 내에서뿐만 아니라 문화교류 역할도 할 수 있다는 생각에……'라고 썼듯이, 그녀는 어디까지나 **큰 목적을 달성하기 위한 필요조건으로서 돈이 모이도록 기원**했습니다. **돈은 수단이지 목적은 아니었던 것입니다.**

그리고 또 한 가지, 필요할 때 정신을 집중하여 강하게 염원하는 것 외에도 평소에 '바르고 건전한 생각'을 갖는 일이 얼마나 중요한지 명심하기 바랍니다. 예를 들어 일상적으로 ① 모든 일을 긍정적·적극적으로 생각하고, ②감사의 마음을 잊지 않으며, ③불평을 하지 않는다('정심'의 3원칙)는 생활태도를 명심하여 언제나 '좋은 상념'을 품고 하루하루 살아가기 위해서 노력하는 것입니다.

그렇게 **평소에 좋은 마음가짐을 하고 있으면, 모래에 물이 스며들듯이 자연스럽게 자신을 좋은 방향으로 조금씩 변화시켜 주위 사람과 사물에게도 좋은 영향을 미치게 됩니다.** 그리고 주변, 나아가서는 널리 세계에도 바른 기(氣)와 파동을 미치게 하여 '모든 일이 이루어지기 쉬운' 상태를 만들어냅니다. 그 결과 모든 소망이 실현될 것입니다.

그녀도 편지에서 '이전에는 내 일도 남의 일도 다 싫어했는데, 다양한 경험을 쌓아가는 가운데 자존심을 버리고 성공과 유명해지는 일에 구애받지 않게 되며 내 일이 점점 좋아졌다. 그 결과 더 많은 사람들과 만나고 싶어지고, 사고방식도 단순해지면서 걱정거리가 사라졌다.'고 쓰고 있습니다.

그렇게 가치관이 바뀌면서 항상 온화하고 순수한 마음상태로 생활하게 된 순간, 특별한 홍보활동을 하지 않았음에도 불구하고 일이 저절로 들어왔다고 합니다. 바꿔 말하면 **평소 '좋은 상념'을 품고 또 그러려고 끊임없이 노력한 것이 '선(善)의 자기장(磁氣場)'을 만들어내고, 그곳으로 성공을 불러들여 필요한 것을 현실화시키는 힘의 기초가 되었던 것입니다.**

강한 상념과 동시에 '좋은 상념'을 갖는 것 또한 모든 일이 마음먹은 대로 이루어지도록 실현시켜 주는 힘의 토대가 됩니다. 이것은 이 책의 중요한 테마 중 하나이기 때문에 뒤에서 좀 더 자세히 다루도록 하겠습니다.

맨 먼저 나타난 효과는 인간관계의 변화

이해하기 쉽게 돈의 예를 들었지만, 우주의 무한한 힘을 활용한 인간의 상념은 금전뿐만 아니라 모든 분야에 영향을 미칩니다. 돈과 더불어 모든 사람들의 관심 영역인 질병과 건강 역시도 상념의 힘으로 컨트롤할 수 있습니다.

그것을 증명하는 예를 들어볼까요? 도쿄에 사는 여성 Y씨는 오랫동안 신장병을 앓아 인공투석 신세를 지고 있었습니다. 인공투석은 한 번 하는 데 4~5시간이나 걸리고, 그것도 일주일에 2~3차례나 해야 하는 매우 번거로운 치료법입니다. 그리고 일단 투석이 필요할 정도로 상태가 심각해지면, 보통은 평생 동안 그 치료에서 벗어날 수 없습니다. 중단할 경우 요독증, 신부전증 등으로 이어져 생명이 위태로울 수도 있기 때문입니다.

그렇다고 해서 인공투석에 의해 신장 기능이 좋아지는 것도 아닙니다. 그것을 하지 않으면 목숨이 위험하니까 어쩔 수 없이 매달릴 수밖에 없는 마지막 생명줄 같은 것이지요. 상당히 번거롭고 힘든 병이며 치료법이라 할 수 있습니다. 따라서 투석 환자는 남들과 똑같이 사회생활을 한다는 것이 거의 불가능한 경우가 많습니다.

Y씨도 이미 12년 동안이나 인공투석을 해왔던 터라, 신장병을 자신의 숙명이라 생각하고 투석도 평생 할 각오로 반쯤 체념했었다고 합니다. 그 무렵 지인의 권유로 내 강연 비디오를 보게 되었고, 크게 깨닫는 바가 있었던지 곧 정심조식법을 실천하기 시작했습니다.

내 제자뻘 되는 사람이 도쿄 니시가사이라는 곳에서 개최하는 정심조식법 강습회에도 참가할 정도로 열심이었는데, Y씨는 병 때문에 호흡력이 저하되어 있어 복식호흡을 하는 것이 고작이었습니다. 그래서 그곳에서는 이미지나 상념을 하는 것과는 별도로 '조식'에만 집중하여 시행하게 했습니다(그래도 상관없습니다).

Y씨의 경우 신체 쪽에 효과가 곧바로 나타나지는 않았습니다. 오히려 장기간 인공투석을 계속해 온 사람에게 나타나는 특유의 증상인 복막경화 징후가 나타나는 등 상태가 한층 악화되는 듯이 보였습니다. 복막경화란, 복막이 돌처럼 굳어져 내장을 둘러싸고 딱딱하게 수축하는 무서운 증상으로 투석 환자에게는 사형선고와도 같습니다.

그런 그녀에게 제일 먼저 찾아온 기쁜 소식은 인간관계의 호전이었습니다. 투석 환자는 건강한 사람과 한눈에 구별하기는 어렵기 때문에, Y씨가 지친 나머지 전철에서 노약자석에라도 앉을 때면 주위 사람으로부터 주목받거나 따가운 눈총을 받아 불쾌했던 적이 많았다고 합니다. 혹은 '이미 구제할 수 없는 중환자'라는 연민의 눈으로 바라보는 것을 느끼기도 했다고 합니다.

그래서 그녀도 마음이 뒤틀려서 될 대로 되라는 기분으로 자신보다 증상이 심한 사람을 보고 안도한다거나 은근히 남의 불행을 바라는 듯한 비뚤어진 생각에 휩싸인 일도 있었다고 합니다. 자연히 인간관계가 어색해지고 틀어지는 일이 많아졌습니다.

그러나 **정심조식법을 시작하고부터 주위 사람의 분위기나 안색, 표정이 눈에 띄게 밝아지고 부드럽게 바뀌었다고 합니**다. 그때까지 문병을 와도 어딘지 모르게 환자에 대한 멸시와 우월감을 내비치는 듯 느껴졌던 친구들의 태도도 따뜻하고 우호적으로 바뀌었습니다. Y씨가 쓰레기를 내놓을 때마다 시비를 걸던 이웃의 주부도 "내가 들어 드릴까요?" 하고 도와주었습니다. 또 길에서 넘어져도 지나가던 젊은 남성이 재빨리 도와주었습니다.

모두 전에는 없었던 일입니다. 그렇게 되자 Y씨 쪽에서도 **비뚤어진 생각과 원망하는 마음이 사라지면서 그녀를 둘러싼 인간관계가 점점 좋아졌습니다.** 싫은 사람은 없어지고 좋은 사람만이 주위에 모여들게 되어 인간관계의 바탕인 주변 환경까지 좋은 방향으로 변화해간 것입니다.

 ## 병도 회복되고 인생도 호전시킨 상념의 힘

그러는 사이 Y씨의 병도 점점 호전되기 시작했습니다.

그녀는 이미 의사로부터 만일 복막경화 증상이 본격적으로 나타나면 반년밖에 살 수 없다는 시한부 선고를 받은 상태였습니다. 그러나 그녀는 희망을 잃지 않고 정심조식법을 계속 실천하였습니다. 그 밖에도 체질을 개선하여 증상을 회복시켜 준다는 민간요법을 시도해 보는 등 호흡과 상념을 중심으로 질병 극복을 위한 실천에 열심히 매달렸습니다.

그리고 복막경화 징후가 나타난 지 서너 달이 지난 뒤 검사에서 '전혀 이상 없음'이라는 결과가 나왔습니다. 인공투석은 일반적으로 혈청 크레아티닌이라는 성분이 10mg을 넘었을 때 시작하는데, Y씨의 경우는 원래 15mg이었던 것이 대체치료로 11mg까지 억제되었다고 합니다. 그리고 정심조식법을 시작한 이후 그 수치가 8.5mg까지 떨어진 것입니다.

투석을 시작하기 전의 기준치로 되돌아간 것인데, 이러한 극적 개선은 인공투석을 하는 사람에게 기적적이라고 해도 좋을 만한 성과입니다. 물론 다른 데이터도 양호한 수준을 유지했습니다. 투석으로 인해 나타난 여러 가지 증세, 예컨대 얼굴에 생긴 종기 등도 차도를 보였으며 최근에는 소변이 나오는 상황을 보고 투석 중단까지 고려할 정도로 증상이 호전되었다고 합니다.

인간관계에 이어 그녀를 가장 괴롭혀왔던 '평생 질병'도 분명히 회복 기미를 보이기 시작한 것입니다. 그뿐만 아니라 우유부단하고 소심한 성격에 실천력과 결단력이 더해져서 생각한 것은 곧바로 실행에 옮기게 되었고, 어떤 일을 선택해야 하는 상황에서 망설이는 일도 없어졌습니다. 더욱이 그러한 일의 대부분이 좋은 결과로 이어져 컴퓨터를 배우는 등 적극성도 생기고 행운도 따랐습니다. 이렇게 살아야 한다, 이 길을 가면 좋겠다 하는 지침도 명확히 보여서 뚜렷한 인생관이 형성되었습니다.

이 모든 것들이 정심조식법을 시작한 이후 그녀의 몸에 차례로 일어난 일입니다. 물론 그 인과관계가 모두 일직선상에 있다고는 말할 수 없지만, 이러한 여러 증상과 상태가 양호해졌고 그 기점이 정심조식법을 시작하고 나서였음은 의심의 여지가 없습니다. 실제로 Y씨도 그런 느낌을 직접 편지로 써 보내왔습니다. 그녀는 이제 **인생을 호전시킨 상념의 힘을 자신뿐만 아니라 다른 사람의 행복을 위해서도 사용하기 시작했다**고 합니다.

이렇듯 질병과 성격이 개선될 뿐만 아니라 인간관계와 생활방식에까지 좋은 영향을 미친 것은 정심조식법, 다시 말해 호흡과 상념의 힘이라고 할 수 있습니다. 우리가 품고 내보내는 생각의 힘은 그 사람의 인간성과 생활방식을 바꾸고 몸과 마음의 건강까지도 변화시키는 원천입니다.

강한 상념의 힘으로 재해도 피할 수 있다

상념의 힘이 소망을 성취시키고 무(無)에서 유(有)를 만든 예를 몇 가지 소개했는데, 그것은 '이렇게 되기를 바라는' 일만 이루어주는 것이 아닙니다. '그렇게 되지 않도록 바라는' 일을 피해가는 힘도 가지고 있습니다. **좋은 일이 당신을 찾아올 뿐**

만 아니라, 당신에게 닥칠 어려움과 재해는 당신을 피해가는 것이지요. 경우에 따라서는 '유(有)를 무(無)로 만드는' 보이지 않는 작용도 상념의 힘에 의해 일어납니다.

예를 들자면, 홋카이도 일대가 온통 폭설로 뒤덮였음에도 불구하고 정심조식법을 실천하던 N씨의 집에는 마치 그곳만 구멍이 뚫린 것처럼 눈이 내리지 않았다고 합니다. 그는 2년 연속 똑같은 '기적'을 체험했다며 내게 알려왔습니다.

그 이듬해에도 지붕까지 덮어버릴 정도의 폭설이 내렸는데, 역시 그의 집에만 눈이 쌓이지 않았을 뿐만 아니라 밖에 세워 둔 승용차에도 전혀 눈이 쌓이지 않았다는 것입니다.

또한 1999년 9월 아이치 현의 히가시미가와 지방에 30년 만이라는 대형 토네이도가 잇따라 덮쳐서 건물이 붕괴하고 부상자가 발생하는 등 큰 피해를 입혔습니다. 본래 아쓰미 만(灣) 연안의 이 지방에서는 지형의 영향 때문인지 '토네이도 시'로 불릴 정도로 토네이도 발생이 많았는데, 거기에 태풍까지 겹치자 대기상태가 흐트러져 국내 최대급 피해로 이어졌던 것입니다.

그 가운데서도 가장 피해가 컸던 곳이 도요하시 시였습니다. 그런데 그 도시에 있는 Y씨의 집은 바로 옆에서 토네이도가 발생했음에도 불구하고 전혀 피해가 없었다고 합니다.

그날은 평일이어서 회사에 있던 Y씨는 TV를 통해 자기 집에서 불과 10여 채밖에 떨어지지 않은 지점에서 토네이도가 발생했음을 알았습니다. 그의 집 바로 앞에 있는 초등학교의 유리창은 산산조각이 났고 근처의 아파트 지붕도 모두 날아갔다는 피해 소식을 TV에서 접하자마자, Y씨는 깜짝 놀라 자기 집으로 황급히 차를 몰았습니다.

집 부근이 저 정도이니 지은 지 30년이나 된 우리 집은 유리창과 지붕은 말할 것도 없고 거의 산산조각 났을 것이라고 생각하니 절망적인 심정이었습니다. 평상시라면 차로 10분 걸리는 거리를 건물 붕괴로 인한 교통체증 때문에 한 시간 가량 걸려서야 가까스로 집에 도착했습니다. 그런데 어찌된 일인지 Y씨의 집에는 아무런 피해도 없었습니다. 손상된 곳이 한 군데도 없었을 뿐만 아니라 전날 뜰에 모아두었던 낙엽까지 전혀 날리지 않고 그대로 있었던 것입니다.

그 지역 일대가 국내 최대급 토네이도에 완전히 휩쓸렸음에도 불구하고 그의 집만은 무사하여 어려움을 피해갈 수 있었습니다. 물론 Y씨도 정심조식법을 실행하고 있던 사람이었습니다. 내 저서를 읽고 나서부터 열렬한 실천자가 되어 매일 정심조식법과 대단언(大斷言, 세계에 참 평화를 가져오는 강력한 말. 또한 정심조식법을 행하면서 그 말을 하는 것)의 실천에 여념이 없었다고 합니다. **토네이도라는 난관이 그의 집만을 피해간 것은 우연의 일치가 아니라 정심조식법의 성과 혹은 은혜라고 말할 수 있지 않을까요?**

이와 같이 강한 상념과 호흡의 힘은 그렇게 되었으면 좋겠

프롤로그 • 누구나 행복해지는 법

다고 소망하고 염원하는 일을 실현시켜 줄 뿐만 아니라, 그렇게 되지 않았으면 좋겠다고 바라는 일을 회피하는 원천이 되기도 합니다. 즉 좋은 일을 불러오고 어려움은 피해가는 것입니다. **당신에게 좋은 일을 불러일으키는 한편 나쁜 일은 일어나지 않게 하고 극복하도록 해주는 힘, 그 힘을 발휘시키고 또한 당신 내부에 축적시켜 주는 묘법이 바로 이 정심조식법입니다.**

신변에 일어나는 어려움과 재해로부터 벗어나게 해주는 이 호흡법은 앞으로 지구를 휩쓸 갖가지 천재지변을 피하고, 그것을 극복하는 방법으로서도 그대로 통용될 수 있습니다.

따라서 지금 소개한 사례는 가까운 미래의 재앙과 지구 자정작용에서 살아남는 방법을 미리 '조금' 암시하는 것이기도 합니다. 이에 대해서는 뒤에서 충분히 언급할 기회가 있을 것입니다.

🌳 산소야말로 마음에 가장 중요한 영양소

이쯤 되면, 상념이 자신의 뜻대로 이루어지는 힘은 두 가지 요소의 조합에 의해서 발휘된다는 사실을 분명히 이해할 수 있을 것입니다.

말하자면, **강한 상념과 깊은 호흡이라는 정신과 신체 양면에서의 작용**입니다. 혹은 항상 '좋은 생각'을 하는 것, 그리고 필요한 장면에서 강하게 염원하는 것의 두 가지 작용을 뜻합니다. 다시 말해서 평상시의 마음가짐과 집중했을 때의 생각, 이 두 가지가 모두 필요하고 중요합니다. 그 결과 역시 좋은 일을 불러오고 어려움을 피한다는 두 가지 소망을 달성시킴과 함께 몸과 마음의 건강도 가져다줍니다.

그것은 정심조식법이 바른 마음가짐과 마음의 자세를 의미하는 '정심(正心)', 그리고 호흡을 통해 우주의 에너지를 체내 깊숙이 받아들이는 '조식(調息)'의 두 부분으로 이루어져 있기 때문입니다. 그래서 자재력(자신의 뜻대로 이루어지는 힘)을 발휘하려면 '생각과 호흡'이라는 마음과 몸 두 측면의 요인이 필요하고, 어느 한쪽이 없더라도 그 힘을 충분히 발휘하기는 어렵습니다.

상념의 중요성에 대해서는 이미 설명했으므로 이제 호흡의 중요성, 즉 산소의 중요성에 대해 언급해 보겠습니다.

인간에게 호흡과 산소가 얼마나 중요한가는 굳이 강조하지 않더라도 모두 잘 알 것입니다. 인간은 음식의 경우 일주일, 물은 사흘 정도 먹지 않아도 살 수 있지만, 호흡은 단 5분만 멈추어도 곧 죽게 됩니다. 이 사실 하나만으로도 생명 유지에는 산소가 필수불가결한 요소임을 분명히 알 수 있을 것입니다.

그러나 내가 여기서 말하려는 것은 그러한 생명과 신체 면에서의 산소의 중요성뿐만이 아닙니다. 내가 강조하고 싶은 것은 두뇌와 정신의 활동 혹은 무(無)에서 유(有)를 만들어내는 생각의 힘, 즉 상념을 발휘하는 힘의 에너지원으로서도 산소가 매우 중요하다는 사실입니다.

인간의 뇌는 신체 부위 가운데서 산소를 가장 많이 소비합니다. 성인의 경우 뇌의 무게는 체중의 2%밖에 되지 않습니다. 그럼에도 불구하고 온몸에 필요한 산소량의 20%나 소비하고 있습니다. 그 소비량은 하루에 약 120리터에 이르고, 뇌 세포가 활동하는 데는 다른 세포의 약 7배나 되는 산소가 필요하다고 합니다. 뇌는 꼬맹이 주제에 엄청난 대식가로 연비(燃費)가 정말 높은 부위인 셈이지요.

그 뇌가 인간의 사고(思考)를 담당하는 기관이라는 것은 두말할 필요도 없을 것입니다. 따라서 결과적으로 **인간의 두뇌활동, 마음의 작용, 감정의 컨트롤, 깊은 생각과 상념(想念)이라는 '고도의 능력'을 발휘하는 데는 정말 엄청난 양의 산소가 필요**하다는 사실을 알 수 있습니다.

다른 세포와는 달리 물리적으로는 완전히 정지하고 있는 뇌 세포가 훨씬 많은 산소와 에너지를 필요로 한다는 사실도 그 증거—사고와 상념이라는 비물질적인 '마음의 활동'에 산소가 많이 필요하다는 증거—의 하나라고 하겠지요. 말하자면 **산소는 뇌의 활동에 있어 최고의 연료이자 가장 좋은 영양소**

인 것입니다.

따라서 **깊은 호흡에 의해 체내에 산소를 충분히 공급해주면, 뇌가 즐거워지고 뇌세포의 활동이 활발해져 올바른 사고법과 강한 상념의 힘이 발휘됩니다.** 곧 정심조식법에 의한 깊은 호흡은 신체의 건강뿐만 아니라 건전한 마음을 가져다주고, 동시에 상념의 힘을 발휘하는 데도 없어서는 안 될 필수요소입니다. 내가 호흡의 중요성, 산소의 중요성을 역설하는 '과학적' 근거가 바로 여기에 있습니다.

 ## 현대인이여, 깊은 호흡을 하라

그런데 현대인은 이 깊은 호흡을 게을리하고 있습니다. 깊이 호흡함으로써 산소를 체내 깊숙이 공급하는 것의 중요성을 많은 사람들이 잊고 있는 것입니다.

물론 호흡은 하고 있지만 그것은 단순히 '숨을 쉬고 있는' 정도의 얕은 호흡에 지나지 않습니다. 폐 깊숙이까지 공기를 보내주지 않고 폐 윗부분에만 공기를 들여보내고는 그것을 호흡이라고 말하는 사람이 많은 것은 참으로 안타까운 일이 아닐 수 없습니다. 그 '얕은 호흡'에 의한 산소 부족이야말로 질병과 스트레스로 이어져 몸과 마음의 건강을 손상시키는 가장 큰 요인이 되는 것입니다.

또한 사회를 떠들썩하게 만드는 범죄나 눈을 가리고 싶을 만큼 흉악한 불상사가 자주 발생하는 것도 상당 부분은 이 얕은 호흡에서 그 원인을 찾을 수 있습니다. 특히 **청소년에 의해 믿을 수 없는 흉악범죄가 잇달아 일어나는 것도 산소 부족으로 인한 뇌세포의 기능 부전이 그 주요 원인이라고 생각합니다.**

험악한 욕설을 내뱉으며 앞뒤 분별없이 사람을 찌르고 죽이는 등 자기 감정을 억제하지 못하는 것은 뇌세포와 그 작용에 뭔가 결함이 있는 증거입니다.

그 원인을 식사 내용과 가정 환경, 교육 및 사회 병리 현상 등에서 찾는 의견도 있습니다. 그것도 하나의 견해가 되겠지만, 내 생각에는 전적으로 얕은 호흡, 산소 부족이 그 주원인이라고 여겨집니다. 특히 아이의 경우는 본인의 호흡이 얕기 때문이기도 하지만 태중에서 그 어머니의 호흡이 충분치 않았던 데서 그 원인을 찾을 수 있습니다.

즉, **어머니의 얕은 호흡으로 인해 태아기에 충분한 산소가 뇌세포에 공급되지 않음으로써 뇌의 작용에 일종의 왜곡과 결함을 일으킨 채 태어나는 아이가 늘고 있고, 그들이 자라나면서 문제행동을 일으키게 되는 것입니다.**

인간의 뇌세포는 원래 완전하게 만들어졌습니다. 이렇게 표현해도 될지 모르겠지만 그것은 신(神)이 '꼭 이러해야 하는'

것으로써 창조했으며, 거기에 단 하나의 결함이나 오점도 없이 완벽하게 설계된 완전체로 만들어진 것입니다.

예를 들어 뇌세포는 사멸하는 속도가 매우 빠를 뿐만 아니라, 다른 세포와는 달리 재생도 복구도 되지 않는 특수한 성질을 가지고 있습니다. 그것이 노인 치매증의 요인으로 작용하기도 합니다. 수명이 짧고 전혀 신진대사를 하지 않는다는 것은 생명체로서 마이너스 요인임에 틀림없습니다.

그러나 한편으로 그 사실은 **뇌세포가 유일무이한 완성품임을 보여주는 것이기도 합니다. 처음부터 완전하게 만들어졌기에 재생도 복구도 대체도 불가능하며 불필요하다고 생각되기 때문입니다.** 따라서 뇌세포가 지닌 이 재생 불능의 성질은 역설적으로 그 완전함을 증명한다고 말할 수도 있을 것입니다.

그러므로 뇌세포는 타고난 본래의 기능을 그대로 가동하기만 한다면 매우 올바르게 작용할 것입니다. 그 결과 인간은 자연히 올바른 사고방식과 '올바른 욕망'을 품고 올바른 행동을 하게 되겠지요. 옳지 않은 생각을 품거나 그릇된 행동을 하는 일 없이 누구나 올바른 일만을 하게 될 것입니다. 본래 완전하게 만들어진 것이 그 설계대로 기능을 발휘한다면 어떻게든 올바른 일을 하지 않을 수 없기 때문입니다.

그런데 현실에서 그렇게 되지 않는 것은 학교 탓도 사회 탓도 아닙니다. 무엇보다 호흡이 얕고 산소 공급이 불충분하기 때문입니다. 그래서 뇌세포의 정상적인 작동이 방해받고 있는 것입니다. 아무리 설계가 완전해도 휘발유가 부족하면 차는 굴러가지 않고 엔진이 멈춰버리거나 고장의 원인이 되는 것과 같은 원리입니다.

🌳 태내에서의 산소 부족이 난폭한 아이를 만든다

바꿔 말해서 깊은 호흡을 실천함으로써 산소를 체내, 특히 뇌세포에 충분히 공급해주면 그것만으로 모든 문제가 해결될 수 있다는 것입니다.

임신중인 어머니가 착한 아이를 낳고 싶다면, 태교에만 열중하지 말고 자신이 열심히 깊은 호흡을 하면 됩니다. 어머니가 깊은 호흡을 하면 어머니의 피 속에 산소가 충분히 공급되고, 태아 역시 산소를 충분히 얻게 되겠지요. 그러면 자연히 **신이 인간에게 부여한 '올바름'이 태아에게 또렷이 각인되고, 태어난 아이는 그 후에도 '올바른 일만 하게 될'** 것입니다.

마찬가지로 아이에게 어설픈 가르침이나 교육을 시키고 설교와 도덕적인 생활을 강요하기보다는 그들에게 깊은 호흡을 권유하는 편이 훨씬 효과가 큽니다. 그것을 실행하는 것만으로 질병이나 나쁜 일, 흉악사건도 불상사도, 싸움도 전쟁도 이 세상에서 사라질 것입니다. 신(神)이 '꼭 이러해야 하는 것'으로 인간에게 장치한 올바름이 원래의 모습대로 작동하기 때문입니다.

따라서 **어른이 깊은 호흡을 하면 현재의 사회와 세계가 올바르게 바뀌어 갑니다. 아이가 그것을 실천하면 미래를 바꾸어 나갈 것입니다.** 어떠한 다툼도 없는 평화로운 세상이 실현될 것입니다. 더욱이 그것을 하는 데는 어떠한 고생도 필요하지 않으며 단 한 푼의 비용도 들지 않습니다. 단지 호흡법을 바꾸기만 하면 되는 것입니다.

다행히도 산소(공기)는 세계 어디에나 있습니다. 혹한의 극지에도, 풀이 자라지 않는 사막에도, 햇빛이 비치지 않는 동굴 속에도, 모든 것이 얼어붙은 빙원에도 공기만큼은 똑같이 존재합니다. 따라서 깊이 호흡하는 것은 조금만 주의를 기울이면 누구에게나 가능하며 전혀 어려운 일이 아닙니다.

사실은 여기에도 깊은 진리가 숨어 있습니다. 특별한 무엇을 섭취할 필요도 없고, 인간과 생물에게 없어서는 안 되는 것이기에 장소를 가리지 않고 모두가 공평하게 얻을 수 있는 것입니다. **꼭 필요한 것이기 때문에 지상에 널리 퍼뜨려서 누구나 간단히 섭취할 수 있도록 신이 배려한 것입니다.**

신은 우리에게 무엇 하나 어려운 것을 요구하지 않습니다. 그러므로 어디에서든지 누구에게나 공평하게 주어진 산소를 오로지 깊이 호흡하기만 하면 됩니다. 그러면, 그것만 실천하면 여러분들은 올바르게 살아갈 수 있을 것입니다. 이러한 신의 배려를 활용하지 않는다면 그야말로 천벌이 내릴 것입니다.

정심조식법을 실천함으로써 얕은 호흡을 깊은 호흡으로 바꿔 보기를 바랍니다. 그것이 당신에게 몸과 마음의 건강을 가져다주고 소원과 소망을 이루어주며, 인생의 행복을 실현시켜 준다는 사실을 머지않아 깨닫게 될 것입니다. **깊은 호흡이 자신을 올바른 방향으로 바꾸고 또한 남을 바꾸며, 나아가서는 사회와 세계도 바꾸어간다는 사실을 당신은 분명히 느끼게 될 것입니다.**

마음속에 생각한 대로 이루어지는 힘은 모래 속에 파묻힌 금처럼 어딘가에 숨겨져 있는 것이 아닙니다. 절해고도나 불가사의한 마법상자 속에 존재하는 것도 아닙니다. 어디에나 존재하는 산소를 섭취하고 활용함으로써 자신의 내부에서 만들어내는 것이지요. 그런 의미에서 '자재력(自在力)'이라는 만능의 힘은 이미 당신 안에 준비되어 있습니다. '파랑새' 이야기에서처럼 인간은 진짜 보물을 이미 자신의 내부에 소유하고 있는 것입니다.

그것을 당신의 인생과 행복을 위해 활용하도록 하십시오. 정심조식법에 의한 깊은 호흡과 강한 상념이 그것을 가능하게 해줄 것입니다.

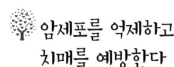

암세포를 억제하고 치매를 예방한다

정심조식법은 뇌세포를 비롯한 온몸의 세포 기능, 저항력·면역력·수명과 같은 모든 세포의 기능을 활발히 움직이게 할 수 있습니다. 그것은 현대의 죽음에 이르는 질병 중 가장 많은 비율을 차지하고 있는 암의 예방 치료에도 큰 효과를 발휘합니다.

암이란 간단히 말하면 세포의 변이에서 생기는 증상입니다. 암세포라는 이 불량세포가 무질서하게 늘어나 정상적인 세포의 활동을 방해합니다. 이것은 나쁜 세포 집단을 구축하는 것과 같아서 암세포의 나쁜 세력이 정상적인 세포의 면역기능을 능가하는 데서 오는 병이라고 할 수 있습니다.

이 세포 이상이 왜 발생하는가에 대해서는 여러 가지 원인이 있는 것으로 알려져 있지만, 나는 만성적인 산소 부족이 그 원인 중 하나라고 생각합니다. **세포의 건강, 그리고 그 면역력과 기능을 유지함에 있어 가장 중요한 영양분은 역시 산소입니다.**

그러므로 정심조식법에 의해 계속해서 산소를 효율적으로 섭취하여 온몸에 골고루 공급해 주면 체세포는 항상 건강한 상태를 유지할 수 있습니다. 또한 암세포라는 불량 세포의 발생을 억제하게 되며, 가령 암세포가 발생하더라도 정상 세포의 면역력이 강하기 때문에 그것을 사전에 억제할 수 있는 것입니다.

또한 연구 결과, 마음의 작용과 암이 관계가 있다는 사실을 밝혀낸 의사도 있습니다. **항상 웃으면서 살고, 긍정적이고 적극적인 마음을 가지며, 좋은 상념을 하는 등의 심리적 요인이 몸의 면역 기능을 향상**시킨다는 사실을 밝힘으로써 암의 예방과 극복에 공헌하고 있는 것입니다.

한편, 치매에 걸려 가족이나 주위 사람들에게 폐를 끼치느니 차라리 빨리 죽는 게 낫다고 생각하는 노인들이 많습니다. 치매의 원인으로는 뇌혈관장애가 80%를 차지하고, 나머지는 다른 여러 요인에 의한 것이라 합니다. 뇌혈관장애란, 뇌혈관의 동맥경화로 인해 뇌세포 전체에 충분한 산소가 공급되지 못함으로써 일어나는 증상입니다. 뇌세포의 이상과 기능 저하, 산소 부족이 그 원인인 것입니다.

고산병의 증상이 특히 두통이나 사고 장애와 같은 뇌의 이상현상으로 나타나는 것도 산소가 부족할 경우 제일 먼저 뇌세포에 피해를 주기 때문입니다. 그만큼 뇌의 건강은 산소에의 의존도가 높다고 할 수 있습니다.

이렇게 중요한 뇌세포에 항상 충분한 산소를 공급해 줌으로써 저항력을 높이고 사람의 수명을 연장시킬 수 있습니다. 또한 뇌세포가 줄어드는 속도와 뇌의 기능이 저하되는 속도를 늦추는 것도 가능합니다. 만성적인 산소 부족으로 30%만 발휘되고 있는 뇌의 능력을 100% 발휘하게 할 수도 있습니다.

나는 정심조식법의 실천으로 치매증의 90%는 예방할 수 있을 것이라고 생각합니다. **정심조식법에 의해 산소를 체내에 충분히 공급함으로써 뇌의 노화를 방지하고 건강한 뇌를 유지하면 치매를 예방**할 수 있는 것입니다. 이미 심각한 치매 상태에 빠져 있는 사람을 회복시킨다는 것은 물론 어렵겠지요. 그러나 노화 속도를 크게 늦춤으로써 '멍청해지지 않는 뇌'를 갖게 하는 것은 충분히 가능한 일입니다.

아니, 나처럼 예순 살이 넘어서 오히려 뇌세포가 회복되고 기억력과 사고 능력마저 젊어진 경우도 있습니다. 정심조식법은 노화 예방뿐만 아니라 치매를 모르는 건강한 노인이 되는 데 꼭 필요한 방법입니다.

인간의 건강이란 그 몸을 형성하고 있는 세포의 건강을 뜻한다고 할 수 있습니다. 세포가 건강하고 제 수명을 다할 때 인간도 건강하게 천수를 누릴 수 있는 것입니다.

평소에
좋은 마음가짐을 하고 있으면,
모래에 물이 스며들듯이
자연스럽게 자신을
좋은 방향으로 조금씩 변화시켜
주위 사람과 사물에게도
좋은 영향을 미치게 됩니다.

1

생각의 힘이
세계를 바꾼다

거대한 호수의 물이
왜 갑자기 깨끗해졌을까?

때리는 것도 자신이고, 아프다고 비명을 지르는 것도 자신입니다. 인간은 그러한 어리석음으로부터 쉽사리 벗어날 수 없는 생물이 아닐까 싶습니다. 인간이 만들어낸 문명이 환경오염이라는 형태로 자신들의 존재까지 위협하는 경향이 갈수록 심해지고 있습니다.

일본 최대의 호수이자 간사이 지방의 수원지이기도 한 시가현의 비와호도 예외는 아닙니다. 오염이 심하고 물은 더러워 악취가 나며, 이전의 아름다운 호수와 갈대 군락 등은 이제 거의 볼 수 없게 되었습니다. 그 대신 매년 여름이 되면 외래 수초가 번성하여 수면을 뒤덮고, 그것이 썩어서 심한 악취를 퍼뜨립니다. 현에서는 벌써 20년 이상이나 대대적인 제거작업을 해오고 있다고 합니다.

그런데 지난 1999년 여름만은 어찌된 일인지 이 수초가 거의 발생하지 않았습니다. 예년 같으면 관청에 쇄도하던 악취 관련 민원도 전혀 들어오지 않았습니다. 관계자들이 그 원인을 파악하지 못해 의아해하고 있다는 기사가 신문에까지 보도되었습니다.

말하자면 '유(有)가 무(無)로 되는' 현상이 비와호 수면에 갑자기 일어난 것인데, 나는 이 '기적'도 상념의 힘으로 설명할 수 있다고 봅니다. 왜냐하면 그 기적을 일으킨 장본인 중 한 사람이 다름 아닌 바로 나 자신이기 때문입니다.

파동(波動) 연구를 하고 있던 사람들을 중심으로 그 해에 비와호의 물을 깨끗하게 하자는 모임이 열렸습니다. 비와호의 물이 깨끗해지면 일본 전역의 물이 정화된다는 전설이 예로부터 전해져 내려와 파동과 주문(呪文)의 힘으로 그것을 실천하려는 모임이었습니다. 거기에 나도 초청받아 호숫가에 있는 호텔에서 정심조식법에 관한 강연을 했습니다. 그리고 이튿날 새벽 비와호 주위에 300여 명의 참가자가 집결한 다음, 나를 중심으로 호수의 수면을 향해 서서 떠오르는 아침 해를 정면으로 바라보며 '대단언(大斷言)'을 외쳤습니다.

우주의 무한한 힘이 엉기고 엉겨
대화합의 세상이 열렸다

내가 선창하고 참가자 전원이 이 대단언의 말을 10번 외쳤습니다. 여기에서 말하는 대화합의 세상이란 하늘·땅·인간 모든 것이 조화롭고 평화로운 상태를 말합니다.

대단언이란 문자 그대로 우주에 가득 찬 무한한 에너지를 활용함으로써 세계 평화를 실현하는 강력한 말로써, 그것을 이미 이루어진 일이라고 강하게 단정지어 말하는 외침입니다.

이렇게 함으로써 **우주의 무한한 에너지가 스며든 주문의 힘**

이 주위 사물에 퍼지고 침투하여 세계 평화를 비롯한 많은 소망을 이루고, 사람들에게는 행복을 가져다줍니다. 그것은 가장 강력한 상념의 말이며, 또한 가장 강력하게 상념의 실현을 뒷받침해 주는 말입니다.

그 외침이 끝나고 나이 많은 나는 곧 자리를 떠나 호텔로 돌아갔습니다. 그것이 1999년 7월의 일이었고, 다음과 같은 신문기사를 본 것은 그로부터 한 달 뒤인 8월 말이었습니다.

> 비와호에서 매년 여름마다 수면을 뒤덮을 정도로 번성하던 외래 수초가 올해는 거의 수면에 모습을 드러내지 않고 있다. 예년에 시가 현 등에 들어오던 악취 관련 민원도 올해는 전혀 없고, 현에서 제거한 양도 매우 적다. (교토신문, 1999년 8월 27일)

하지만 그것은 불가사의한 현상도 아니고 원인이 없었던 것도 아닙니다. 대단언에 담아 외친 우리의 상념이 악취의 원인인 수초 발생을 억제하여 호수를 깨끗하게 바꾸었던 것입니다. 만물의 조화와 안정을 바라는 우리의 생각이 대단언에 의해서 풀과 물에게 분명히 전해졌고, 결국 그 성질을 변화시켜 자연의 더러움을 정화한 것입니다. 대부분의 사람들은 깨닫지 못하지만, 거기에는 분명한 인과관계가 존재합니다.

이렇게 사람의 마음뿐만 아니라 이 세상에 존재하는 모든 생명체 혹은 물과 같은 자연계 물질까지도 포함한 삼라만상은 우리 인간의 생각을 그대로 에너지로 받아 반응합니다. 그 상념을 받아들여 그 상태나 성질을 바꾸게 되는 것입니다.

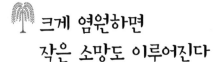

크게 염원하면
작은 소망도 이루어진다

생각은 만물에게 전해져 만물을 변화시키는 힘을 가지고 있습니다. 그런데 여기서 한 가지 의문을 품는 사람이 있을지도 모르겠습니다.

'상념은 실현된다'고 했는데, 그것이 사실이라면 왜 손쉽게 "비와호의 물이여, 깨끗해져라. 악취의 원인인 수초여, 사라져라."고 염원하지 않았던 것일까? 바꿔 말하면, 직접 그렇게 바라지 않았는데 어떻게 수초가 제거되고 물이 깨끗해졌는가 하는 점입니다.

첫 번째 이유는 간단합니다. 나는 그때 수초가 악취의 원인이라는 것도, 수초의 존재도 알지 못했을 뿐더러 물의 오염이 그 정도로 심각하다는 것도 몰랐기 때문입니다. 모두 나중에 알게 된 일이며, 그때 알았더라면 단도직입적으로 "물이여, 수초여, 정화되어라!"고 염원했을지도 모릅니다. 그렇게 했더라도, 즉 대단언이라는 형태를 취하지 않아도 염원은 이루어졌을 것입니다. 상념의 대상이 좁혀진 만큼 더욱 빨리 이루어졌을지도 모르겠습니다.

그래도 이것만으로는 의문이 풀리기에 부족한 면이 있을 것입니다. 말하자면, 수초와 물을 직접적인 상념의 대상으로 삼지 않았는데 어떻게 그 성질과 상태가 바뀌어 버렸는가 하는 점입니다.

이것은 대단언이 대화합의 세상, 즉 '우주만물의 위대한 조화'가 이루어지기를 바라는 궁극적인 생각을 나타내는 말이기 때문에 그보다 규모가 작은 염원이나 사물의 조화는 저절로 이루어지는 것입니다. 대단언은 자연의 안녕, 세계 평화, 우주의 조화를 지향하는 가장 큰 염원이며 상념이라고 할 수 있습니다. 한편 자연의 일부인 비와호의 물이 깨끗해진 것은 그보다 규모가 작은 일, 다시 말해 큰 염원에 다 포함되는 현상이기 때문입니다.

따라서 셔츠를 빨면 주머니는 당연히 깨끗해지듯이, 우주만물의 대화합을 염원함으로써 호수의 정화라는 '작은 조화'도 저절로 이루어진 것입니다. 큰 조화를 지향하는 강한 상념에 자연이 반응하여 그 한 부분인 작은 조화가 자연스레 실현된 것이지요. 상념의 힘에는 이와 같이 '대(大)는 소(小)를 포함'하는 성질이 있습니다.

그래서 무엇인가에 대해 이렇게 됐으면 하고 직접적으로 바라지 않더라도, 보다 큰 소망을 염원하는 가운데 그 수반 현상으로서 작은 소망이 이루어지는 일은 종종 있습니다. 세계가 깨끗해지면 그것을 형성하고 있는 요소들도 당연히 하나하나 정화됩니다. 큰 조화가 이루어지면 거기에 어울리지 않는 부분은 저절로 시정되어 모든 부조화하고 부적합한 일이 사라지게 되는 것이지요.

비와호의 경우, 대단언의 조화 효과가 눈앞에 놓인 소망의 대상인 호수의 풀과 물에게 나타난 것입니다. 만약 그곳에 모인 사람 가운데 질병이나 어떤 부적합한 일을 겪고 있는 사람이 있었다면, 그 사람의 '작은 부조화' 역시 본인도 모르는 사이에 틀림없이 시정되었을 것입니다.

생각은 만물에게 전해져 그것을 바꾸어 나갑니다. 또한 대상을 정해놓고 "그렇게 되라!"고 직접적으로 염원해도 좋고, 간접적으로 큰 차원에서 염원해도 좋습니다. 큰 차원에서 염원하면 저절로 작은 소망까지 이루어집니다. 상념의 힘은 그만큼 자재로운 것입니다.

말과 생각으로 물의 결정이 완전히 달라진다

물은 생물은 아니지만, 그렇다고 돌·바위·무기물과 똑같이 다루어질 수는 없는 중요한 성질을 지니고 있습니다. 즉, 물은 생명의 요람이라는 사실입니다. 물은 생명의 원천임과 동시에 생명 유지에 필수불가결한 요소입니다. 산소와 마찬가지로, 대부분의 생물은 물이 없이는 살아갈 수가 없습니다.

또한 물은 인간의 생각이 전해지기 쉽고 의식과 상념, 그 사람의 인품 등에 따라서 성질을 바꾸기 쉬운 물질이기도 합니다. 말하자면, 물은 마음의 거울이며 사람의 심리를 명확히 비추어내는 물질입니다. 이 사실에 관해서는 파동 연구가인 에모토 마사루 씨가 훌륭한 연구 성과를 발표했습니다. 그는 물이 인간의 생각을 그대로 반영한다는 사실을 실험을 통해 알아냈는데, 그 내용을 좀 더 설명해 보겠습니다.

에모토 씨는 물을 얼림으로써 물의 결정(結晶)을 사진으로 촬영하는 데 성공했습니다. 그리고 인간의 마음에서 나오는 생각과 파동에 따라 그 결정의 모양이 실로 다양하게 변화하는 모습을 아주 선명한 화상으로 촬영하는 데도 성공했습니다. 또한 물에게 음악과 말을 들려주거나 의미 있는 문자를 보여줌으로써 그 결정에 변화가 나타난다는 사실도 증명했습니다.

나도 그가 출판한 사진집「물의 메시지」에서 그 결정 사진을 보았는데, 사람의 의식에 따라 결정이 매우 커지기도 하고 그 형태가 아름답게 변화해가는 모습이 손에 잡힐 듯 이해되었습니다.

또한 수돗물, 샘물, 냇물, 빗물 등 물의 상태나—오염된 물은 결정의 모양이 흐트러지고 있다—들려주는 음악의 종류에 따라서도 그 결정 하나하나가 갖가지 형태를 보인다는 사실이 분명히 드러나 있습니다.

더욱 놀라운 것은 물에게 '글자를 보여주면' 그 의미 여하에 따라서 결정이 확실히 달라진다는 사실입니다. 먼저 물을 담은 투명 용기에 글자를 쓴 종이를 붙입니다. 예를 들어 '고맙습니다'와 '멍텅구리', '깨끗하다'와 '더럽다', '천사'와 '악마', '사랑·감사'와 '짜증나·죽여버릴 거야'와 같이 반대 의미를 지닌 글자를 각각의 투명 용기 안에 담긴 물에 비치도록 붙이고 하룻밤 그대로 두는 것입니다.

그러자 각각의 결정 모양이 뚜렷하게 달라졌습니다. '좋은 말'을 보인 물 쪽의 결정은 완전한 육각형으로 모두 아름답고 균형 잡힌 모양을 하고 있는 데 반해, '나쁜 말' 쪽은 결정이 심하게 일그러지거나 깨지고 그야말로 물에 녹은 찌꺼기나 기름방울처럼 전혀 형태를 이루지 않는 등 분명한 차이를 보였습니다. 심지어 '히틀러'와 '테레사 수녀' 등 사람의 이름에서도 똑같은 결과가 나왔다고 합니다.

좋은 말에는 좋은 반응을 보이고, 나쁜 말로부터는 나쁜 영향을 받는 것을 한눈에 알 수 있습니다. 이쪽의 의도와 의미를 물이 이해하고 있다고밖에 생각할 수 없는 것입니다. 우리의 상념이 물에 전달되고 반영되어서 그 성질과 상태를 바꿔버리는 것입니다. 인간의 말과 심리에 발맞추어 물이 기뻐하고 화내고 슬퍼한다고도 할 수 있겠지요.

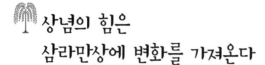

상념의 힘은
삼라만상에 변화를 가져온다

에모토 씨는 이에 대하여, 물에는 정보를 이해하고 기억하는 능력이 있는데 인간의 상념과 의식이 파동을 통해서뿐만 아니라 글자라는 '모양'을 매개체로 하여 이 물에 전해지기 때문이 아닐까 하고 추측하였습니다. 말에는 각각 영적인 힘, 즉 혼(魂)이 깃들어 있음을 생각하면 오히려 당연한 일이라 할 수 있습니다. 내가 보기에는 노벨상에 버금가는 뛰어난 실험 성과라고 생각됩니다.

에모토 씨는 또한 고베대지진 직후, 역시 같은 실험을 위해 피해지역에서 물(수돗물)의 결정 사진을 촬영했습니다. 그 결과 사람들의 공포심과 혼란, 깊은 슬픔 같은 생각들을 그대로 반영하듯이 결정의 모양이 무참한 형태로 부서져 있었습니다. 그런데 그로부터 3개월 뒤, 국내뿐만 아니라 전 세계에서 격려와 원조의 손길이 이어지던 시기에 촬영한 사진에서는 마치 그 편안함, 온화함, 감사의 마음을 그려내기라도 하듯 깨끗한 결정이 확인되었다고 합니다.

이렇듯 사람의 의식, 심리가 물에 변화를 가져옵니다. 생각이 물을 바꾸는 것이지요. 그래서 우리가 분노 · 질투 · 경멸이라는 부정적 감정을 안고 컵의 물을 마시는 것과, 기쁨 · 감사 · 즐거움이라는 긍정적 감정을 갖고 마시는 것은 그 물의 맛과 몸에 미치는 작용이 사뭇 달라집니다. 좋은 생각으로 마시는 물은 건강에 좋은 영향을 미치고, '좋은 인간'이 마시는 물은 저절로 '좋은 물'로 바뀌어간다고 볼 수 있습니다.

물뿐만이 아닙니다. 물이라는 소재는 원래 생명을 기르고 생명을 감싸안는 지극히 '생명과 가까운 물질'로써, 인간의 생각이 전해지기 쉬운 성질을 갖고 있습니다. 그런데 다른 물질, 가령 광물과 금속 등의 무생물에서도 정도의 차이는 있지만 이 이야기는 그대로 통용됩니다. 그것이 풀이나 나무와 같이 생명이 있는 것이라면 그 생각은 더욱더 쉽게 전달될 수 있겠지요.

사람의 생각과 의식은 모든 물질의 상태와 생성에 커다란 영향을 미칩니다. 상념이 만물의 존재를 좌우하고 있는 것입니다.

최근의 과학이론을 보면, 물질의 최소 단위는 분자·원자와 같은 어떤 모양을 가진 '고정된 형태'가 아니라 끊임없는 가변성을 지닌 '요동 상태'라는 것을 알 수 있습니다. 물질도 에너지도 그 상태의 차이에 지나지 않는다는 것이지요. 그렇다면 우리의 생각이 기(氣)와 파동이 되어 공기 중에 전해져서 물질의 생성 구조에 영향이나 변화를 준다거나, 혹은 물질 자체를 만들어낸다 해도 전혀 이상할 것이 없는 것입니다.

모든 삼라만상은 인간의 생각에 의해 형성되고 영향을 받으며 변화해 갑니다. 결국 '모든 것은 생각에서 나온다'고 말할 수 있습니다.

염원을 담은 약은 분명히 효과가 있다

개업 의사 시절, 그때는 알약을 막자사발에 담아 직접 갈아서 조제하던 쇼와(昭和) 초기였습니다. 나는 약을 처방할 때 나 자신뿐만 아니라 간호사에게도 '이 약을 먹는 환자의 병이 낫기를' 기원하면서 막자를 돌리도록 철저히 주의를 주었습니다. 예를 들어 진통제가 들어 있으면 '이 약을 먹고 환자의 통증이 멈추기를' 염원하면서 약을 조제하도록 지시했던 것입니다.

이렇게 염원하는 마음이 담긴 약이 그렇지 않은 약보다 효과가 크다는 사실을 나는 그 당시부터 확신하고 있었습니다. 물론 에모토 씨의 실험만큼 과학적인 근거는 없지만, 나는 간호사에게도 그렇게 믿도록 했습니다. 그 결과 내 생각대로 우리 병원은 잘 치료한다는 소문이 났고, 쇼와시대 초기의 극심한 불황 속에서도 도쿄 시내의 손꼽히는 병원으로 번성할 수 있었습니다.

결국 사람의 생각과 염원은 물이나 초목뿐만 아니라 약이라는 무생물체에도 전달되고, 그것을 복용한 사람에게까지 전해지는 것입니다. '염원하는 마음을 담은 약'은 그렇지 않은 약보다 치료 효과가 높다는 것이 증명된 셈입니다. 이 경우 약 자체보다는 오히려 생각의 힘이 병을 치료한 것이라고 나는 생각합니다. 바꿔 말하면, 생각이 병을 만들어내는 경우도 있다고 할 수 있겠지요.

그렇게 **병을 치료하는 것이 생각의 힘이라면 병을 불러오는 것도 의식의 힘입니다.** 병은 기(氣)에서 오는 것입니다. 그런데 스스로 아프고 싶다고 생각하는 사람은 없을 것입니다. 하지만 '아프고 싶지 않다'고 너무 지나치게 생각하는 것도 반대 측면에서 병에 접근하는 일이 된다는 데 주의할 필요가 있습니다.

'절대로 암에는 걸리고 싶지 않아.' 또는 '자리보전하고 눕는다니 말도 안 돼.' 그렇게 두려워하는 것은 당연한 일입니다. 하지만 자나깨나 그런 생각만 한다는 것은 바꿔 말해서 암에 걸리고 자리보전을 한 자신의 모습을 머릿속에 끊임없이 그리고 있는 것이나 마찬가지입니다. 결국은 그런 두려운 상황이 현실화되기 쉬운 상태로 만들어 버리는 것이지요.

마이너스 감정이나 부정적 개념들이 생각 속에 포함되면, 그것들은 자칫 플러스 감정이나 긍정적 개념보다 더 짙고 강해지는 경향이 있습니다. 그래서 더욱 현실화되기 쉽습니다. 그놈만은 만나고 싶지 않다고 생각했는데, 그 당사자와 길모퉁이에서 '우연히' 마주쳐 버리는 것과 같은 이치입니다. 그것은 우연인 듯 보이지만 사실은 자신의 마이너스 의식이 불러온 현상이기도 합니다.

병도 의식이 물질화한 것이기에 계속 생각하다 보면 질병이 생겨버리는 것입니다. 바로 그렇기 때문에 플러스 지향의 좋은 상념, 혹은 병에 걸리고 싶다거나 특별히 걸리고 싶지 않다고도 생각하지 않는 고요한 무색(無色)의 상념이 중요합니다.

좋은 일도 나쁜 일도 모두 생각이 불러오는 것들입니다. 앞서 인공투석을 하던 사람의 병이 정심조식법에 의해 극적으로 치료된 예를 소개했는데, 그녀는 단골병원을 바꾸어 새로 간 병원에서 국내 손꼽히는 명의를 만나는 행운까지 얻었다고 합니다. 그래서 조식법 덕분에 운도 좋아져서 전화위복이 되었다며 감사편지를 보내왔지만, 그것은 그렇지 않습니다. 새로 간 곳에 행운이 기다리고 있었던 게 아니라 그녀 스스로 자기 생각의 힘으로 그 행운을, 좋은 현상을 불러온 것입니다. 그녀는 또 이렇게도 쓰고 있습니다.

내가 될 대로 되라는 식의 기분이었을 때 가능한 한 남의 행복을 빌어주려고 노력했어요. 상상 속에서 그 사람의 얼굴을 떠올리며 그의 귀에 속삭이듯이 대단언을 외쳤죠.

한동안 그렇게 계속하자 환자는 증상이 눈에 띄게 호전되었고, 일로 고민하던 사람은 그것이 해결되었다고 알려왔어요. 본인들은 물론 자신의 힘이라고 생각하고 있지만요.

상념과 염원은 이루어질 뿐만 아니라 주위로 전해져 파문처럼 퍼져나가기도 합니다. '덕(德)은 외롭지 않고 반드시 이웃이 있다.'는 옛 가르침과 같이 좋은 생각과 선한 상념은 결코 고립되는 일 없이 주위의 인간이나 물질에 좋은 영향을 미칩니다. 그리고 자연히 '좋은 장소'를 만들어내고 그 조화력을 널리 확대해 갑니다.

그것이 돌고 돌아서 다시 메아리처럼 되돌아와 그 중심에 있는 사람, 즉 처음에 생각과 덕을 발원했던 사람의 소망까지 이루어주는 것입니다. 그 생각의 순환을 담당하고 있는 것이 우주무한력이며, 그것을 현실화하는 방법이 바로 정심조식법이라 할 수 있습니다.

풀과 꽃에게 마음을 담아 대화하면 잘 자란다

그 무렵 나는 약의 조제에만 그치지 않고 '생각이 만물에 전해지는' 실험을 이것저것 해보았습니다. 그 대상은 에모토 씨와 같은 물이 아니라 풀과 꽃이었습니다.

그 결과 나는 **풀과 꽃 등의 식물에게도 사람의 생각과 마음이 전해지고, 그들도 거기에 곧잘 반응해 준다**는 사실을 확신할 수 있었습니다. 아니 확신한다는 의지적 생각이 아니라, 의식 수준에서의 식물과의 교류와 대화는 가능하다는 데 한 치의 의심도 없이 아주 자연스럽고 '담담하게' 받아들였습니다. 그들도 인간과 똑같은 감정을 지니고 있으며, 이쪽의 의사와 감정을 이해하고 반응해주는 것입니다.

이것이 특별히 엉뚱한 생각이 아니라는 데는 많은 분들이 공감하리라 생각합니다. 꽃을 좋아하는 사람이라면 누구나 애완동물에게 말을 하듯이 꽃에게도 말을 건네면서 물을 주면 잘 자란다고 자연스럽게 이야기합니다. 그들은 경험을 통해서 '생각에 꽃이 반응'한다는 것을 알고 있는 것이지요.

나의 무병장수를 축하하는(혹은 믿기지 않는다는) 뜻으로 골프 친구가 '시오야 배' 토너먼트를 개최해 준 일이 있습니다. 그때 선물받은 난꽃은 상식 밖으로 매우 오랫동안 피어 있었습니다. 같은 날 똑같은 꽃을 가지고 돌아간 친구의 것은 한 달밖에 안 되어서 말라 시들어 버렸는데, 내 것은 석 달 이상이나 싱싱하게 피어 있었던 것입니다.

내가 특별히 시들지 말라고 상념을 하거나 정성스럽게 보살핀 것도 아니었습니다. 평소부터 식물과의 교류를 믿고 있었던 나의 자연스런 의식과 생각에 꽃 역시 지극히 자연스럽게 반응해온 것이라고 생각합니다. 더욱이 이 난은 햇볕이 드는 창 쪽으로 얼굴을 향하지 않고, 내가 늘 앉아 있는 소파 쪽을 향해 꽃을 피웠습니다. 마치 나와의 정신적 교감을 바라고 즐기기라도 하듯이 말이죠.

이는 교류나 대화를 하는 것이지 인간의 생각이 일방적으로 식물에게 전해지는 것은 아닙니다. 풀이나 꽃들 역시 우리를 향하여 생각과 메시지를 보내 옵니다. 그 하나의 예로써 가장 적당한 것이 영국 스코틀랜드의 북쪽 끄트머리에 있는 어촌 핀드혼에서 일어난 '기적'일 것입니다.

🌳 황량한 땅, 핀드혼의 기적

핀드혼은 북해에 있는 작은 촌락으로, 얼어붙을 듯한 찬바람이 불어오는 황량한 땅입니다. 그 기후와 풍토는 얼마나 혹독한지 인간에게나 초목에게나 결코 쾌적하다고는 할 수 없는, 말하자면 이 세상의 끝과 같은 황무지입니다.

그런데 그 땅이 지금은 '치유의 땅'으로 주목받으며 전 세계에서 사람들이 끊임없이 찾아오고 있습니다. 많은 사람이 공동체마을을 형성하여 살고 있는데, 사람이나 자연과의 교류를 통해 어떤 사람은 병이 치유되고 어떤 사람은 영적 탐구를 깊게 하는 등 평온함과 충족감을 얻으며 살아갑니다. 자기 자신과 인생을 보다 깊이있게 만나기 위한 영적 장소로서의 기능을 하고 있는 셈입니다.

자연이나 식물에 깃들어 있는 정령(精靈)과의 교류와 조화,

그것이 핀드혼이라는 땅의 특질이며 그곳의 이름을 세계적으로 드높인 계기가 되었습니다.

핀드혼 얘기를 잠깐 하자면, 지금으로부터 40여 년 전 한 가족이 이 불모지로 이주해 왔습니다. 그리고 양치류밖에 살지 않는 황량한 모래땅이지만 먹고 살기 위해서 채소밭을 일구기로 마음먹습니다. 그것은 사막에 물을 뿌리는 것이나 다름없는 헛된 일로밖에 생각되지 않았습니다. 하지만 그 일가와 행동을 함께 했던 한 여성이 어느 날 위대한 자연의 소리를 듣습니다.

"식물의 정령들과 협력하여 채소밭에서 일하세요."

그리고 누에콩과 토마토, 시금치 등의 정령들 소리가 들려오고 그들로부터 파종할 때 흙의 깊이, 물을 주는 방법, 비료를 주는 법 등에 대해 놀라우리만치 구체적이고 선명한 대답이 돌아왔습니다. 그 소리에 충실히 따랐더니 맛도 모양도 크기도 믿어지지 않을 만큼 훌륭한 작물을 수확할 수 있게 되었다는 것입니다.

그곳의 토양과 기후에서는 결코 자랄 수 없는 야채가 풍성하게 잘 자랐습니다. 그것은 지금까지도 아주 무성하게 자라고 있다고 합니다. 이것이 핀드혼의 기적입니다.

식물의 정령과 교류하면서
시작된 '치유마을' 핀드혼

그 얘기를 전해 들은 전문가가 핀드혼을 찾아가 조사해 봤지만, 그곳의 메마른 토양은 아무리 뛰어난 농사기술이나 퇴비를 사용해도 작물의 생육에는 완전히 부적합하다는 사실이 판명되었을 뿐입니다. 그래서 '이 식물들은 토양에서 자라는 것이 아니라, 그것을 기르려는 사람의 의식에 의해 길러진다.'고 결론내렸고, 이를 계기로 핀드혼의 이름이 알려지면서 마침내 공동체마을이 형성되기에 이르렀습니다. 지금은 세계 각지에서 사람들이 모여들어 각종 워크숍과 이벤트가 열리는 '성지(聖地)'가 되었습니다.

의식이 식물을 기릅니다. 풀과 꽃에게는 인간의 생각이 통할 뿐만 아니라, 그들도 의사와 감정을 가지고 있어서 인간을 향해 '이런 식으로 길러주면 좋겠어.' '이렇게 길러주면 이만큼 꽃 피고 열매 맺을 거야.'와 같은 생각과 메시지를 발신합니다.

이 둘의 생각은 쌍방향인 동시에 서로 공명합니다. 식물이 사람의 생각에 반응하여 잘 자라주듯이, 식물들의 생각도 그것을 들으려고 귀 기울이는 모든 사람들에게 자연스레 전해집니다. 우리는 풀, 꽃, 나무와도 마음속 깊은 곳에서 교류할 수가 있는 것입니다.

핀드혼이 우리에게 가르쳐주는 메시지는 그것뿐만이 아닙니다. 생각의 힘이 황량한 토지에 생명을 가져다준 이 사례에서 나는 다음과 같은 신의 깊고도 위대한 의도까지 느낄 수 있습니다.

즉, **황량하기 그지없는 불모지에서조차 식물을 자라게 하고 그 비료가 되어주는 것은 인간의 '생각'**입니다. 따라서 그 상념을 좀 더 풍족한 환경이나 조건 속에서 활용한다면, 인간은 한층 크고 풍요로운 열매를 얻을 수 있으며 그렇게 노력해야 한다는 가르침입니다. 그 학습 모델로서 창조주는 핀드혼이라는 땅을 선택한 것이 아닐까요?

또한 앞으로 천재지변이 지구를 덮치고 나면 인류는 재생의 길을 걷게 될 텐데, 핀드혼은 불모지가 풍요로운 파라다이스로 재구축되는 재생모델로서 미리 암시해 주고 있는 것이 아닐까요? 모두 나의 추측이지만 그다지 빗나가지는 않았을 거라 생각합니다.

어쨌든 핀드혼이라는 장소는 영적으로 매우 차원 높은 '선택받은 땅'입니다. 더욱이 그곳에 살거나 그곳을 찾은 많은 사람들의 의식과 생각이 시간이 지날수록 청명하고 정적인 에너지로 모아져 고도로 영적인 분위기를 만들어내고 있습니다. 그래서 누구에게나 심신을 치유하는 장소로서 기능하고 있는 것입니다.

사정이 허락한다면 나 역시도 그곳을 찾아가 단 며칠이라도 머물면서 그 좋은 '기(氣)'를 맛보고 싶은 생각입니다. 하지만 이미 나이가 그것을 허락지 않습니다. 독자 여러분들은 기회를 짜내서라도 그 성스러운 영혼의 땅을 방문하여 자연 및 식물과의 교류를 꼭 체험해볼 것을 권합니다.

🌿 구름으로 뒤덮인 하늘이 금세 맑아진 몽블랑에서의 체험

인간은 식물과도 의식 상태에서의 교류가 가능합니다. 나는 이 사실을 전혀 의심하지 않고 완전히 믿기 때문에 풀과 나무도 저절로 거기에 반응하여 협력해 준다고 썼습니다.

그렇게 한 치의 의심도, 추호의 망설임이나 의혹도 없으리만치 '그렇게 된다'고 확신하면, 동(動, 움직임)이 마침내 정(靜, 고요함)에 이르듯이 그 생각은 신념과 상념이라는 강한 생각을 떠나서 도리어 고요하고 담담한 심경에 이르게 됩니다. 마치 빠른 속도로 돌고 있는 팽이가 정지한 것처럼 보이듯이 말입니다.

무거운 것이 쉽게 움직이지 않듯이 밀도가 높은 확신 덩어리는 오히려 웅덩이처럼 정적인 상태를 만들어냅니다. 그리고 그 담담한 심경과 고요한 생각은 혼신의 힘을 기울인 동적 신념보다도 강해서 어떤 일을 이루어주는 원동력이 되기도 합니다.

나는 70대 무렵에 스위스의 알프스 3개 산을 등반한 일이 있습니다. 융프라우·마터호른을 오르는 동안에는 아주 날씨가 좋았는데, 하필이면 가장 중요한 몽블랑을 등산하는 날 하늘에 두터운 먹구름이 드리워져 버렸습니다. 모두 실망한 채로 어쨌든 전망대까지는 올라갔지만, 역시 온통 짙은 먹구름에 가려 시계(視界)가 제로 상태였습니다. 모두들 추위에 떨면서 서둘러 하산하기 시작했습니다. 하지만 나는 태연히 그곳에 앉아 있었습니다.

'곧 구름이 걷힌다.' 나는 그것을 눈에 보이듯 자명한 사실로 확신할 수 있었기 때문입니다. '걷혀라, 걷혀라.'고 염원한 것도 아니고 걷혔으면 좋겠다고 바란 것도 아니었습니다. 반드시 걷힌다고 호기를 부릴 생각도 없었지만, 틀림없이 걷힌다는 자신감을 일부러 자각하고 있지도 않았습니다.

어쨌든 그 당시 나에게는 눈앞에서 서서히 구름이 걷히고 몽블랑의 위용이 모습을 드러내는 것은 지극히 당연한 일로 확신할 수 있었습니다. 마치 봄이 지나면 여름이 오듯이 말입니다. 그것이 이미 이루어진 사실처럼 '담담히' 아주 자연스럽게, 게다가 명료하게 그 모습을 그릴 수 있었습니다.

그래서 마지막으로 내려가려던 부부에게도 아무렇지 않게 "잠깐만 기다리세요. 이제 곧 구름이 걷힐 테니까요." 하고 만류하듯이 말을 건넸습니다. 그리고 2~3분쯤 지나자 짙은 구름이 아래쪽으로 밀려 내려가면서 눈앞에 파아란 시야가 열리고 정면에 몽블랑의 전체 모습이 드러났습니다. 그뿐만 아니라 발밑에 펼쳐진 광대한 운해에서 마터호른 등의 뾰족한 봉우리들이 머리를 내밀었습니다. 자연이 나와 그 부부에게만 열어준, 숨이 멎을 듯 장대한 절경이었습니다.

구름이 움직인 것입니다. **추호도 의심하지 않고 단지 구름이 걷힐 것이라고 생각한 나의 고요하고 흔들림 없는 마음이 그대로 현실로 전개되었던 것입니다.**

그와 같은 일은 이후에도 또 있었는데, 아프리카 루웬조리 산맥에 있는 '달의 산'이라 불리는 곳을 찾아갔을 때입니다. 그 지역은 1년 중 흐린 날이 대부분이어서 현지인조차도 그 모습을 보기가 쉽지 않은데, 내가 산기슭을 찾아간 날은 구름 한 점 없이 쾌청하여 달의 산 전모를 마음껏 감상할 수 있었습니다. 1년 중 맑은 날은 겨우 5~6일뿐이고, 그것도 하루 종일 맑은 것이 아니라 구름이 걷히는 것은 단 몇 시간뿐이라는 악조건에도 불구하고 말입니다.

이때도 나는 특별히 달의 산을 보고 싶다고 바라지도 않았고, 모습을 드러내라고 염원하지도 않았습니다. 다만, 내가 가면 자연이 환영해 주기 때문에 날씨가 나쁠 리 없다고 당연히 믿었고, 그것이 그대로 되었을 뿐입니다.

허세부리지 않고 담담히 믿을 때
가장 강한 힘을 발휘한다

남들이 보기에 나는 아무것도 생각지 않고 편안한 마음으로 산에 올랐다가 다시 아무 생각 없이 담담히 내려온 것에 불과합니다. 실제로도 그렇습니다. 그런데도 자연은 그런 할아버지에게 기적을 보여주었습니다. 구름이 걷힌다는 내 생각에 한 치의 의심도 품지 않고 나 자신이 고요한 확신 덩어리가 되었기 때문입니다.

만일 강하게 바라고 있으면, 바란다는 것은 한편으로 집착을 낳기 때문에 그것이 이루어지지 않았을 때 '왜?' 하는 불만으로 이어지기 쉽습니다. 하지만 그때의 나는 바라지도 않았고 그저 단순히 '생각하고 있었을' 뿐입니다. 따라서 만약 산이 흐린 채 변화가 없었더라도 특별히 불만을 느끼지 않고 역시 담담하게 산을 내려왔을 것입니다. 그만큼 생각이 자연스러웠던 것이지요.

물론 거기에도 우주에 가득 찬 무한 에너지의 힘은 작용하고 있습니다. **사람이 발하는 강한 상념뿐만 아니라 사람이 지닌 고요하고 깊은 생각에도 우주무한력은 감응하여 그의 생각을 실현시켜 줍니다.** 염원의 강도로 보자면 이렇게 되라고 바라는 상념 쪽의 손을 들겠지만, 허세부리지 않고 담담하게 생각하는 것에도 무한력의 힘은 똑같이 작용합니다.

바꿔 말하자면, 상념이라는 무기 없이 맨손으로 싸우는 사람에게도 무한력은 똑같은 힘으로 도와주는 것입니다. 그래서 '그렇게 되라'고 바라든, 당연하다는 듯이 '그렇게 된다'고 생각하든 변함없이 '그대로 되는' 것입니다.

케케묵은 이야기지만, 내가 고등학교 입학시험을 볼 때도 나는 합격을 전혀 의심하지 않았습니다. 아무런 근거도 없이 당연히 합격할 것이라고 확신하고 있었던 것입니다.

당시에는 고등학교 입학시험이 7월에 치러졌는데, 지금과 달리 중학교 과정 5년을 마친 졸업생이 3개월 정도의 준비기간을 거쳐 시험을 치르는 제도였습니다. 그런데 우리 학년부터 중학교 5학년생도 재학 중 시험에 응할 수 있게 되었습니다. 합격하면 1년을 건너뛰어서 고등학교에 빨리 입학할 수 있었던 것이지요. 집안이 가난했던 나에게 그것은 큰 도움이 되는 일이었으므로 곧바로 원서를 냈습니다.

하지만 조건을 따져보면 졸업생들에 비해 아무래도 불리할 수밖에 없었습니다. 그들은 몇 달 동안 입시공부에만 몰두할 수 있는 반면, 나는 중학과정 수업을 받으면서 준비해야 했기 때문입니다. 게다가 1년 빨리 시험을 치르기에, 그들은 이미 배웠지만 나는 아직 배우지 않은 내용도 시험에는 당연히 출제될 것이기 때문입니다. 그래서 재학생들은 들어가지 못하는 게 당연하다고 여겨지던 상황이었습니다.

그래도 나는 기회가 왔으니까 시험을 치르자, 시험은 합격으로 정해져 있다…… 그런 식으로 당연한 듯이 믿었습니다. 조건이 불리하다든가 과연 합격할 수 있을까 하는 생각으로 마음 졸이거나 안달하는 일 없이 당일에도 담담히 시험을 치렀습니다. 문제가 너무 쉽게 느껴져서 이것으로 합격 판정이 가능할까 하고 걱정될 정도였습니다.

결과는 내가 생각했던 대로였습니다. 80명 정도의 합격자 가운데 재학생은 6명에 불과했는데, 나는 그 6명에 포함될 수 있었던 것입니다. 전체에서 10번째쯤 되는 성적이었습니다. 의심도 허세도 없이 그렇게 된다고 생각하는 일은 역시 그대로 이루어진다는 것을 다시 한 번 느꼈습니다.

바라는 대로 꿈이 이루어지는 사람, 이루어지지 않는 사람

바라면 이루어진다, 잠시 생각만 해도 이루어진다— 모순된다고 생각할지도 모르지만, 사실은 여기에 중요한 진리가 담겨 있습니다. 우주무한력의 힘은 이렇게 무궁무진하여 한계의 벽과 제약이 없다는 점입니다.

염원해서 이루어지는 것은 바라는 쪽의 희망과 욕망에 무한력이 반응해온 것이고, 염원하지도 않았는데 이루어지는 것은 말하자면 무한력 쪽에서 먼저 호의를 보여온 것이라고 말할 수 있습니다. 그 호의를 이끌어내기 위해서는 앞 장에서 말한 것처럼 평소에 '좋은 생각'으로 살아가며 대화합의 조화로운 모습을 상상하는 것이 중요합니다. 또한 정심의 원칙을 명심하면서 깊은 호흡을 게을리하지 않아야 합니다.

　나라고 해서 의식적으로 그 둘을 분별해서 쓰고 있는 것은 아닙니다. 정심조식법을 실천함으로써 무한한 힘을 받아들여 체내에 그것을 가득 채우는 것이지요. 그럼으로써 우주의 일부가 되고, 그 심원한 섭리의 한쪽 끄트머리에 연결될 수 있습니다. 그래서 **'단지 생각하기만 해도 이루어지고, 강하게 염원하면 더 잘 이루어진다.'**는 무한한 힘의 은혜를 자연스럽게 받을 수 있는 것입니다.

　골프와 같은 스포츠에서도 (공을 향해) '들어가라'고 염원할 때도 있지만, 틀림없이 들어간다고 미리 확신하는 경우도 있습니다. 또한 이미 들어가 있는 장면을 완료형으로 그려보기도 합니다. 생각의 형태는 제각각일지라도 무한력의 은혜에 힘입어 나는 생각했던 대로 그 결과를 얻는 경우가 많습니다.

　한편, 보통 사람들이 '들어가라'고 염원하면서 쳐도 퍼트가 빗나가는 경우가 있는데 왜 그럴까요? 탁월한 기량을 지닌 프로 골퍼에게도 간단히 칠 수 있는 거리의 퍼트가 빗나가 버리는 '입스(yips)'라는 현상이 있습니다. 이것은—기술적 문제를 제외하고 봤을 때—'들어가라'고 염원함과 동시에 들어가지 않는 것은 아닐까, 들어가지 않으면 어쩌나 하는 마이너스 이미지가 불안 요소로 작용하기 때문입니다.

소망에는 반드시 그 반대 상황, 즉 그것이 이루어지지 않을 것에 대한 두려움이 따라다니기 마련입니다. 그래서 생각 속에는 그 마이너스 이미지도 내재되어 있기 때문에 생각은 그대로 실현되고, 생각했던 대로 퍼트가 빗나가 버리는 것입니다. 하지만 **우주무한력을 바탕으로 한 생각에는 마이너스 이미지가 없습니다. 그래서 상념한 대로의 결과를 얻을 수 있는 것입니다.**

내 책의 독자 가운데 대학에서 스포츠 운동학을 가르치는 사람이 있습니다. 올림픽 선수를 비롯해 각종 스포츠 선수에게 정신적 트레이닝 지도를 하고 있는 사람인데, 자신 또한 요가 수행을 실천하고 있으며 나의 정심조식법에도 많은 관심을 느껴 그것을 선수 지도법으로 도입할 생각이라고 합니다.

정신적 트레이닝이란, 간단히 말하면 스포츠 선수가 경기에서 자신의 능력을 충분히 발휘해 승리하는 모습 등을 강하게 상상함으로써 집중력과 정신력을 기르는 방법입니다. 이 사람은 특히 나의 '완료형으로 염원하는' 것의 중요성에 공감하기라도 하듯이, 선수들에게 늘 목표를 달성하고 싶은(소망) 것이 아니라 이미 달성했다(단언)고 염원하도록 이미지 트레이닝을 지도하고 있고 그 성과도 크다고 합니다.

한 골프 잡지와의 대담에서 그 사람(H씨)과 만날 기회가 있었는데, 그가 아타미에 있는 나의 맨션으로 찾아와 주었습니

다. 그런데 그날 대담을 마치고 돌아가던 H씨에게 두 가지의
'사건'이 잇달아 일어났다는 사실을 나중에야 알았습니다.

일상생활에서 상념력을 활용하는 방법

H씨는 도쿄에 도착한 다음에야 가방 속의 지갑이 없어졌다
는 사실을 깨달았습니다. 가까스로 기억을 더듬어보니, 아타
미 역에서 공중전화를 걸고는 깜박 잊고 놓고 온 것 같다는 데
생각이 미쳤습니다. 곧 아타미 역으로 전화를 걸었고, 담당 역
무원이 찾아보는 사이 문득 내 이야기가 떠올랐습니다.

그래서 수화기를 손에 든 채 눈을 감고 천천히 심호흡하면
서 "지갑은 틀림없이 유실물센터에 있다."고 외치고, 그 모습
을 머릿속으로 또렷하게 상상했습니다. 2분 가량 그러고 있자
니, 수화기 너머에서 "검은색 가죽지갑이죠? 잘 보관해 두겠
습니다." 하는 대답이 돌아왔다는 것입니다.

또 하나의 사건은 그날 밤에 일어났습니다. H씨는 도쿄에서
의 볼일을 마치고 대학이 있는 후쿠시마로 돌아가려고 신간
선 매표소에 줄을 섰습니다. 내게 받은 저서를 차내에서 천천
히 읽어볼 생각으로 지정석 표를 사려고 했는데, 공교롭게도
지정석도 그린석(특등석)도 매진이라는 대답이 돌아왔습니다.

업무상 그 시각의 차편을 자주 이용해 보았지만 그런 일은 처음이었습니다.

할 수 없이 자유석 표를 사서 혼잡한 줄에 선 H씨는 그 상황 속에서도 정심조식법과 상념을 실행했습니다. 즉 자리에 앉아서 내 책을 읽으며 후쿠시마로 가고 있는 자신의 모습을 완료형으로 상상하며 깊은 호흡을 계속한 것입니다.

게다가 H씨는 못 앉으면 어쩌나 걱정하거나 앉고 싶다고 생각하지도 않은 채, 그저 '책을 읽으며 후쿠시마로 가고 있다, 가고 있다.'고 되뇌면서 그 모습만을 상상했다고 합니다. 그러자 북적거리는 기차 안에 마치 H씨를 기다리고 있었던 것처럼 자리 하나가 딱 비었던 것입니다.

이 사례에는 두 가지 포인트가 있습니다. **하나는 상념과 호흡의 힘이 소망을 이루는 힘의 원천이 된다는 점이고, 또 하나는 앉고 싶다고 염원하거나 앉지 못하는 게 아닌가 하는 부정적 사고를 버리고 오로지 소망이 달성된 모습만을 상상하며 담담히 염원할 때 큰 효과를 얻을 수 있다는 점입니다.** 말하자면 '무색(無色)의 상념'이 그의 생각을 현실화시킨 것입니다.

생각해 보면, H씨의 전공인 정신적 트레이닝은 목표를 달성하거나 성공한 모습을 강하게 상상함으로써 할 수 없다는 마이너스 이미지를 제거하는 방법이기도 합니다. 물론 정심조식법에 의하여 우주무한력의 은혜를 입은 생각의 힘도 원래는 부정적 이미지나 상념과는 관계없는 더없이 크고 넓은 힘입니다. 그것은 말하자면 정신적 트레이닝에 따른 상념에 조식이라는 호흡법을 조합시킨 것으로, 그 소망을 달성하는 힘은 더욱더 강합니다. H씨도 이미 깨달았듯이, 스포츠 선수에게 정심조식법을 실천하도록 하면 그 효과는 더욱 커질 것임에 틀림없습니다.

염원하면 이루어집니다. 특별히 염원하지 않아도 이루어집니다. 그렇게 자유자재로 이루어지는 근원이 우주무한력에 있음은 두말할 필요도 없습니다.

우주무한력을 쓰지 않는 것은 보물을 썩히는 것

우리의 소망은 분명히 생각에서부터 이루어집니다. 바꾸어 말하면, 우리는 그것이 이루어질 것을 무의식중에 알고 있기 때문에 그렇게 되기를 바라는 마음 또한 간절해졌다고 할 수 있겠지요.

우리가 무엇인가에 대해서 틀림없이 그렇게 되리라고 확신할 수 있는 것은 그것이 자기 자신에게 일어나는 일, 아니 이미 일어난 일을 미리 어딘가에서 지각하기 때문입니다. 바로 그렇기 때문에 성공한 모습이나 소망이 달성된 모습이 완료형으로 이미지화되는, 조금은 이론적인 이 역설을 나는 진실이라고 생각합니다. 왜냐하면 모든 상념은 바라는 시점에서 곧 물질화하기 때문입니다.

'생각한 것은 모두 생각하는 그 순간에 실현된다.' 이 말의 요점만 간단히 언급하자면, 우선 다음의 두 세계를 가정해 보시기 바랍니다.

하나는 우리가 현실적으로 존재하며 생활하고 있는 이 3차원의 물질세계, 또 하나는 시간과 공간 등의 제약을 받지 않고 의식에 의해 모든 것이 성립되는 보다 고차원의 영적 세계입니다. 후자는 상념에 의해 모든 일이 일어나고, 또 상념에 의해 사라져가는 '마음과 생각의 세계'이기도 합니다.

이 두 세계는 서로 인접해 있습니다. 하지만 후자는 전자보다 훨씬 크고 넓으며 또한 차원 높은 존재로서, 한정된 물질세계를 감싸듯이 무한한 영적 세계가 펼쳐져 있습니다. 이것은 지구와 우주의 관계를 상상해 보면 이해하기 쉬울 것입니다.

그래서 **물질세계에 있는 우리가 어떤 상념을 품고 그렇게 되라고 바랄 때, 영적 세계에서는 그 순간에 모든 것이 '그대로' 이루어집니다.** 필요한 자금을 얻고 싶다, 병이 나았으면 좋겠다, 없어진 돈지갑이 나왔으면 좋겠다…… 그러한 상념은 모두 고차원의 영적 세계에서는 순식간에 이루어지는 것입니다.

이때 인접한 물질세계에서도 영적 세계의 영향을 받아 '그렇게 되기 쉬운' 상태가 됩니다. 말하자면 소망이 현실화될 수 있는 밑바탕이 만들어지는 것이지요. 그리고 강력한 상념과 상상력, 완료형의 단언 등에 의해서 그 밑바탕이 강화되고, 나아가서는 거기에 작용하는 우주무한력의 도움을 받았을 때 이 물질세계에서도 소망이 눈에 보이는 형태로 실현되는 것입니다.

그렇다면 우주무한력이란 무엇일까요? 그 정확한 정의를 내린다는 것은 상당히 어려운 일입니다. 1kg짜리 저울로는 100kg의 무게를 잴 수 없듯이, 혹은 나뭇잎 한 장으로 숲 전체의 모습을 파악할 수 없듯이, 사람의 지혜를 초월하는 무한한 존재를 인간의 유한한 지혜로 파악하기란 애당초 불가능하기 때문입니다.

굳이 말하자면, 그것은 만물의 근원을 이루는 에너지이며 또한 우주에 존재하는 만물의 생성과 소멸, 그리고 그 존재와 활동을 지배하고 있는 원리 자체입니다. 극대에서 극소까지의 모든 것을 낳고 살리며 또한 죽음에 이르게 하는 생명의 어머니이자 아버지이기도 한 존재이지요. 우리의 생각에 따라 하늘에서 구름이 걷히는 것에서부터 작은 상처가 저절로 낫는 것에 이르기까지 전부 이 우주무한력이 작용하지 않는 일이나 행위는 없습니다.

만물의 창조주임과 동시에 삼라만상의 궁극적 조화를 가져오는 무한하고 심원한 에너지이며, 또한 그것들을 자유자재로 관리·운영하는 원리와 법칙, 말하자면 신의 뜻이요 우주의 섭리 자체가 우주무한력입니다.

그렇다고 해서 우주무한력이 우리와 먼 존재가 아니라 우리 주위, 신체 안팎을 불문하고 어디에나 존재하고 있습니다. 어떤 사람은 그것을 '기(氣)'라고 부르며 활용하기도 합니다. 생각을 품고 염원을 발할 때에도 거기에 우주무한력이 작용합니다. 인간은 앉으나 서나 일상에서 늘 그 무한한 힘을 무의식적으로 사용하고 있고 은혜를 받고 있는 셈입니다.

앞서 말했듯이 그것은 **생명에 가장 중요한 것이기 때문에 어디에나 존재하고 누구라도 활용할 수 있는, 바닥나지 않고 영원하며 동시적인 존재입니다.** 그 우주무한력과 직접 접속하여 그 에너지를 체내에 가장 효과적으로 모아들이고 활용함으로써 당신의 건강과 인생에 유용하게 사용될 방법, 그것이 곧 정심조식법입니다.

건강뿐만 아니라 사람과의 좋은 인연도 얻는다

한번 품은 생각은 이미 실현되고 있으며, 만물을 만들어내는 것은 인간의 의식 그 자체입니다. 따라서 상념의 힘은 당신에게 보다 나은 인생의 문을 열어줄 것입니다. 또한 강하게 자각되지 않은 채 당신 안에 그저 존재하고 있던 '생각'이 당신의 운명을 바꾸어가기도 합니다.

그런 예를 또 하나 소개해 볼까요? O씨는 초상화가라는 흔치 않은 직업을 가진 사람인데, 어느 날 서점에 미술책을 사러 갔다가 내 책이 '얼핏 눈에 띄어' 함께 구입했다고 합니다. 몇 페이지 건성건성 넘기며 읽다가 다른 일에 신경쓰느라 석 달 가량을 이 책에 대해 까맣게 잊고 있었습니다.

그런데 오랫동안 매달렸던 그림을 다 그리고 안도감과 해방감에 한숨 돌리고 있을 때, 잠재되어 있던 생각이 갑자기 수면 위로 떠오르듯 그 책이 생각났습니다. 그래서 이 기회에 정심조식법을 시험해 보자, 이왕이면 고민인 몸의 안 좋은 상태를 염원으로 치료해 버리자고 적극적으로 생각하고, 우선 흔들거려 뽑기 직전인 앞니 치료부터 시작해 보기로 했습니다.

호흡을 하면서 흔들흔들하고 있는 앞니가 꽉 달라붙었다, 다 나았다고 상념을 발하며 그 모습을 강하게 상상했습니다. 그러자 다음날 벌써 앞니가 안정되기 시작했고, 그 다음날에는 손가락으로 눌러도 움직이지 않을 정도로 단단히 뿌리내려 버렸습니다. 그 신속한 효과에 놀란 O씨는 다음으로 지병인 변비 해소에 착수했습니다.

사나흘은 변이 나오지 않는 게 당연할 정도로 변비가 심했던 그녀는 역시 정심조식법을 실천하면서 상쾌하게 변이 나오는 모습을 상상하고 그렇게 염원을 하였습니다. 그러자 역시 2~3일 만에 쾌변을 보았으며, 그 후 지금까지 변비 증상은 사라져 버렸다고 합니다.

이미 60세를 넘긴 초로의 O씨—내 입장에서 보자면 어린아이 같지만—는 그 밖에도 여러 가지 증상으로 걱정이 많았습니다. 예컨대, 협심증으로 발작이 일어나 1년에 다섯 번씩이나 입·퇴원을 되풀이할 정도로 상태가 안 좋았습니다. 하지만 온몸의 구석구석, 사지의 모세혈관 끝까지 피가 돌고 있는 모습과 기운차게 산책하고 있는 자신의 모습을 계속해서 상상한 결과 그 발작과 증상은 완전히라고 해도 좋을 정도로 없어져 버렸습니다.

그 밖에도 요통이 개선되어 가고 당뇨 혈당치가 내려가는 등 건강 부문의 효과는 몰라볼 정도였습니다. 또한 정심조식법의 효과는 일과 생활 부문에까지도 미쳐 O씨를 더욱 놀라고 기쁘게 하였습니다.

모든 화가가 그렇겠지만, 특히 초상화가는 미술상(美術商)과의 관계가 중요합니다. 하지만 시장이 한정된 탓에 좋은 미술상과 친분을 맺을 기회는 매우 적습니다. O씨도 초상화가로서는 미술연감에 등록된 지 20년이나 된 전문가이지만, 이제까지 몇 번인가 만났던 미술상과도 결국 협상이 잘 되지 않았고 좋은 관계를 맺지 못해 왔습니다.

그런데 정심조식법을 시작하고 석 달 정도 지났을 무렵, 갑자기 어떤 미술상으로부터 전화가 와서 이것저것 이야기를 나누었고 그 이튿날에는 놀랍게도 거래가 성립되었습니다.

많은 등록 화가 가운데서 왜 자신을 선택해 주었는지는 모르겠지만, 그 미술상은 매우 호의적이어서 그 이후로도 좋은 관계를 계속 유지할 수 있었다고 합니다. 오랜 꿈이 갑자기 이루어진 데 대하여 O씨는 정말 기뻐하였습니다.

생각한 대로 이루어지기 쉬운 마음의 체질을 만들자

사실은 미술상으로부터 전화가 걸려온 날, O씨는 손자를 만나러 나가 있었습니다. 그런데 그곳에서 가슴이 두근거리는 듯한 어떤 느낌에 휩싸였습니다. '빨리 집으로 돌아가라.' 누군가로부터 그렇게 명령받는 듯한 느낌에 곧바로 집으로 돌아갔는데, 30분도 채 안 되어 그 미술상으로부터 연락이 왔던 것입니다.

'우연'은 그것뿐만이 아니었습니다. 이 미술상은 "앞으로는 그림을 그리는 데도 컴퓨터를 사용하지 않으면 안 된다."며 O씨에게 컴퓨터교실을 소개해 주었습니다. 그곳에서 이런저런 설명을 듣기는 했지만 이때는 사정이 있어서 컴퓨터교실에 다니지 못했는데, 얼마 후 인터넷상에서 미술정보 제공 관련 일을 하는 사람으로부터 연락이 왔습니다. 그는 O씨의 작품 소개와 홈페이지 제작을 무료로 해주었을 뿐만 아니라 컴퓨터까지 보내주었다고 합니다.

단순한 우연으로 치부하기에는 엄청난 일의 연속이었습니다. 건강과 직업적 번성뿐만 아니라 중요한 사람과의 만남, 그 사람이 또 다른 사람을 불러주는 만남의 고리…… O씨는 이 모든 것이 정심조식법 덕분이라며 감사의 말을 전해 왔습니다. 일이 별로 없을 때도 정심조식법을 실천하면서 '일이 온다, 일이 온다.'고 염원하면, 갑자기 일반인으로부터 풍경화 등의 주문이 들어온 일도 자주 있었다고 합니다.

나도 이러한 일들이 우연히 일어났다고는 생각지 않습니다. 인간의 눈에 그것이 우연으로 비칠 뿐 모두 의미 있는 일이며, 우주무한력의 뜻에 따라 일어난 필연적 사건입니다.

내 책을 서점에서 우연히 샀던 일, 그리고는 잊고 있다가 몇 달 뒤에 새삼스럽게 다시 읽은 일, 손자와 만난 곳에서 가슴 두근거림을 느낀 일, 이 모두가 우연한 점의 연속처럼 보이지만 그것은 무한력이 펼쳐놓은 하나의 선에 따라서 일어난 일입니다. 그 줄거리의 포인트가 무의식중에 일종의 예감과 번뜩임으로 O씨에게 전해지며 그를 '좋은 방향'으로 이끈 것이라고 생각할 수 있습니다.

물론 정심조식법을 실행하고 상념을 발하며 평소에 좋은 생각을 품고 생활하는 것이 인간을 그 예감과 번뜩임이 전해지기 쉬운 '도체(導體)'로 만들고, 우연을 필연으로 인식하는 의식과 감각을 양성시켜 줍니다. 그래서 O씨가 특별히 미술상과 친분을 쌓고 싶다고 바라지 않았음에도 미술상 쪽에서 먼저 연락을 취해 왔듯이, 당신을 '생각이 이루어지기 쉬운 체질'로 바꾸는 것입니다. 또한 그 생각이 현실로 이루어짐으로써 O 씨처럼 당신의 인생도 좋은 방향으로 바뀌어가게 됩니다.

그러므로 **문득 번뜩이는 느낌이나 무심코 생각한 것들을 단순한 의식의 한 부분이라고 여겨 소홀히 넘기지 말고, 그것은 어떤 암시와 뜻을 반영한 것이 아닐까 곰곰이 생각해보는 것도 중요**합니다. 말하자면 정심조식법은 그러한 발상을 생각으로 바꾸고, 번뜩이는 느낌을 의지로 바꾸며, 우연을 필연으로 바꾸어서 인생을 융성하게 하고 많은 결실을 얻도록 바꾸어가는 묘법이라 하겠습니다.

다음 장에서는 그 무한력과 호흡법이 우리의 마음과 생활까지도 풍요롭게 한다는 사실에 대해서 좀 더 자세히 써보려고 합니다.

《

1 kg짜리 저울로는
100 kg의 무게를 잴 수 없듯이,
혹은 나뭇잎 한 장으로
숲 전체의 모습을
파악할 수 없듯이,
사람의 지혜를 초월하는
무한한 존재를 인간의 유한한
지혜로 파악하기란 애당초
불가능합니다.

》

2

바른 호흡이
바른 생활방식의 첫걸음

누구나 본래 타고난 건강력을
되찾을 수 있다

모든 일에 조바심은 금물입니다. 성급하게 결과를 찾아 지름길만 찾다가는 뜻하지 않은 사고에 부닥쳐 결국 멀리 돌아가야 하는 처지가 될지도 모릅니다. 천천히 가는 사람이 가장 멀리 간다는 말도 있듯이, '당장 쓸모 있는 것은 (긴 안목으로 보면) 그다지 쓸모가 없는' 것이기도 하지요. 가령, 즉효 약의 효과는 오래 지속되지 않을 뿐더러 부작용의 우려가 더 큰 경우가 많듯이 말입니다.

감기약의 해열 효과를 보더라도, 열이 나는 근본 요인을 해소시켜 주는 것이 아니라 그 증상을 억제하는 효과가 있을 뿐입니다. 직설적으로 말하자면, 열이 나는 증상 자체가 몸이 자연스럽게 행하는 자정(自淨) 작용이기 때문에 그것을 약으로 무리하게 억제해 버리면 오히려 몸에 더 해롭습니다. 이는 배수구의 출구를 막아버리는 것과 비슷한 결과를 가져오기 때문입니다.

병을 치료하는 주체는 의사나 약 같은 것이 아니라 몸 자체, 즉 우리들 자신입니다. 생체가 본래부터 갖고 있는 면역력과 방어기제, 자연치유력의 작용에 의해서 우리는 건강을 지키며 갖가지 병을 치료하는 것입니다. 그러한 치유력은 글자 그대로 자연스러운 것이며, 강약의 개인차는 있지만 누구나 선천적으로 지니고 있습니다. 건강력이란 모든 사람에게 있어 공통된 소질이며, 신으로부터 똑같이 부여받은 타고난 능력이라 말할 수 있습니다.

이 논리는 앞서 말했던, 뇌세포는 본래 완전하게 만들어졌다든가 바른 마음이나 선한 생각은 내부에 새롭게 만들어내는 것이 아니라 원래 갖추고 있던 것을 밖으로 '드러냄'으로써 발휘된다는 사실과도 결부됩니다. 인간이 가지고 태어난 기능은 완전한 것으로, 우리는 신의 설계대로 모두 '그리해야 할 건강한 모습'으로 태어났습니다.

바꿔 말하자면, 인간은 가장 건강한 모습으로 태어나서 그 생명력을 점차 소진시켜 가는 생물이라고 말할 수 있습니다. 보름달이 점점 이지러져 가듯이, 질병·건강에 대한 부주의·스트레스와 같은 후천적 요인에 의해서 가장 완전했던 건강력을 쇠퇴시켜 가는 것입니다. 그 과정이 곧 우리가 '살아가는' 것이라고도 할 수 있을 것입니다.

따라서 건강이란 획득하는 것이 아니라 본연의 모습으로 돌아가는 일입니다. 세월이 지남에 따라 점점 낡아지고 기력이 떨어져가는 본래의 기능에 충분한 에너지를 줌으로써 그 기능을 다시 제대로 작동하게 합니다. 그 결과 자연히 병으로부터 멀어지게 되고, 우리는 원래 그리해야 할 건강한 모습을 회복하는 것입니다.

건강이란 본래의 힘에 눈뜨는 것입니다. 그렇다면, 타고난 면역기능이나 자연치유력이 '피로 누적'으로 인해 쇠약해지는 것을 본래 상태로 되돌리기 위해서는 어떻게 해야 할까요?

그 주역은 약이나 의료행위와 같은 인공물이 아닙니다. 그것은 상상과 상념의 힘이며, 또한 호흡의 힘입니다. **호흡에 의해 체내에 흡수되는 산소야말로 우리가 태어나면서부터 갖추고 있는 건강력을 다시 활성화시키기 위한 가장 좋은 양분이 됩니다.**

중국 의학에서는 모든 생명체가 지닌 자연치유력은 신체가 외부의 자연과 조화를 이루고 또한 신체의 모든 부분이 조화를 이루고 있을 때 가장 강하게 발휘된다고 말합니다. 다시 말해 인간의 치유력이란 곧 조화력을 뜻하며, 자연과의 조화 그 자체가 건강이라는 것입니다.

그렇다면 우리에게 가장 가깝고 가장 중요한 자연은 무엇일까요? 그것은 공기, 즉 산소입니다. 생명과 그 건강은 우리 눈에는 보이지 않지만, 누구에게나 충만해 있는 산소에 의해 유지되고 활성화되며 향상되고 조화를 이루어나가는 것입니다.

정심조식법의 '정심' 부분, 즉 상념의 힘과 하루하루를 여유롭게 살아가는 마음가짐에 대해서는 다음 장에서 말하기로 하고, 이 장에서는 '조식' 부분, 다시 말해 누구에게나 무병장수를 가능케 하는 산소의 위력, 효과적인 호흡법, 그 노하우 등에 대하여 말해보겠습니다.

나는 어떻게 해서
환갑을 넘기면서부터 건강해졌는가?

나이가 들수록 건강 기능이 쇠퇴해가는 것은 자연스런 현상입니다. 바로 노화(老化)인데, 그것을 거스른다는 것은 일반적으로 불가능한 일입니다. 병이라면 치료할 수 있지만, 노화의 시계 바늘을 거꾸로 돌릴 수는 없습니다. 인간에게 건강 · 장수는 가능하지만, 현세에서의 불로 · 불사는 못다 꾼 꿈이나 마찬가지로 현실성이 없는 일입니다.

하지만 그 노화의 속도를 늦추는 것은 그리 어려운 일이 아닙니다. 뿐만 아니라 꾸준히 노력하다 보면 어느 지점에서 노화를 정지시키고, 나아가 '젊음을 되찾는' 일도 결코 불가능하지는 않습니다. 노화는 강과 같은 것으로, 바다를 향해 자연스럽게 흘러가지만 어느 부분에서는 천천히 굴곡을 그리거나 고여 있기도 하고, 강 하구 부근에서는 밀물로 인해 역류하는 일도 있습니다. 인간의 몸에서도 그와 같은 일이 일어납니다. 아니, 그것은 일어나는 것이 아니라 우리가 의도적으로 일으키는 것입니다.

사람들이 놀라고 부러워하는 나의 건강함은 사실 환갑을 지나면서부터 얻은 것입니다. 태어날 때의 나는 '대체 언제까지 버틸 수 있을까?' 하는 말을 들을 정도로 허약한 아이였습니다. 어린 시절 내내 병을 달고 살았으며, 그것을 당시의 복식호흡법을 시험해보며 치료하기도 했습니다. 하지만 개업의사 시절에는 결핵에 걸리기도 하고, 복막염을 앓아 생사의 갈림 길에서 헤매기도 하는 등 병은 늘 내 곁을 떠나지 않았습니다.

그런데 **예순의 나이에 지금의 정심조식법을 완성시켜 그것을 매일 실천하면서부터 나는 병을 모르는, 늙었다기보다는 오히려 왕성한 몸과 마음의 건강을 얻을 수 있었습니다.** 노년에 이르러서 이전보다도 더 젊어진 게 아닐까 하고 생각한 일도 적지 않습니다.

예를 들면, 나는 지금도 매일 아침 내가 살고 있는 맨션 옥상에서 한 시간 정도 골프 연습을 하고, 일주일에 한 번은 가까운 코스를 돌고 있습니다. 이 습관은 올해까지도 거의 빠짐없이 계속되고 있습니다. 그 실력은 젊었을 때가 오히려 서툴러서 내가 싱글 플레이어에 낀 것 역시도 예순을 넘은 뒤였습니다.

60세 때의 핸디는 13으로, 말하자면 애버리지가 좋은 골퍼 축에 들었습니다. 나는 이때부터 싱글 플레이어가 되겠다는 굳은 결심으로 이론 연구와 연습을 거듭하는 한편 정심조식법을 실천하고 강한 상념을 발함으로써 65세 때 드디어 핸디 10을 깨고 싱글 플레이어가 되었고, 77세인 희수(喜壽)의 해까지 그것을 유지했습니다. 그 당시 일본 챔피언인 프로 골퍼와 대결하여 아마추어인 내가 승리한 일도 있습니다.

골프 세계에서는 환갑을 넘어서 싱글이 된다는 것은 그야말로 상식을 벗어난 보기 드문 일로써, 아마 일본에서는 내가 유일할 것입니다. 아니 골프에서뿐만 아니라, 육체 기능이 모두 쇠퇴해 가고 있는 노령기에 접어들어 운동능력을 이전보다 향상시킨 사람 또한 나 이외에는 아마도 없을 거라고 생각합니다.

또한 공이 지금만큼 날아가지 않던 시절에 200야드를 날려 '괴물 의사'라고 신문에 났던 것이 83세 때였고, 87세가 되어 처음으로 에이지 슈트(자기 나이 이하의 스코어로 한 라운드를 도는 것)를 달성했으며, 이후 92세, 94세에 잇달아 성공하여 세계 최고령 에이지 슈터의 칭호도 받았습니다.

내 실력을 뽐내어 자랑하려는 것은 아닙니다. 결국 나는 일반적으로 노인으로 분류되는 나이에 접어들면서부터 노화의 속도에 브레이크를 걸어 그 바늘을 거꾸로 돌린 것입니다. 60, 70대는 그럭저럭 괜찮을지 몰라도 80, 90대에 접어들면 실력이나 기술보다는 18홀을 제대로 돌 수 있는 체력이 가장 큰 문제인데, 오랫동안 나는 그것을 거뜬히 해냈습니다.

세상에 100세 안팎의 장수를 누리고 있는 사람은 그리 많지 않습니다. 그 중에서 아직도 골프채를 휘두르며 잔디 위를 활보할 수 있는 사람이 도대체 몇이나 될까요? 그것을 생각하면 나의 건강함이 특별한 것이라는 사실은 쉽게 이해할 수 있을 것입니다.

나는 나이들면서 노화의 흐름에 역행한 '불로(不老) 할아버지'입니다. 그것도 의도적 · 의식적으로 다시 젊어지는 데 성공한 것입니다. 이를 위해 내가 한 일이라고는 단 한 가지, 깊은 호흡뿐입니다. 정심조식법의 실천—그것을 일상생활에서 습관이 되도록 노력했을 뿐입니다.

우주무한력이 가져다주는 놀라운 치유력

인간이 본래 가지고 있는 치유력과 건강력을 호흡과 상념에 의해 일깨움으로써 질병과 노화를 막고 본연의 건강한 모습에 가까워질 수 있습니다. 그 실례를 하나 소개해 볼까요?

좀 특이한 경우인데, 나가사키에서 원자폭탄 피해를 입은 여성의 예입니다. 정확한 나이는 모르겠지만 히로시마 · 나가사키에 원자폭탄이 투하된 것은 전쟁이 끝난 1945년이기 때문에 아마 일흔 살 안팎은 되었을 거라고 생각합니다. 폭탄이 떨어질 때 친구와 둘이서 손을 잡고 필사적으로 도망쳤는데 그 친구는 죽고 말았습니다. 본인은 겨우 목숨을 부지했지만 깊은 후유증이 남았습니다.

그 후로 그녀의 삶은 후유증과의 싸움이었습니다. 원자폭탄의 비극적 체험을 후세에 전한다는 사명감으로 지금도 초등학교 등에서 아이들을 대상으로 당시의 이야기를 전하고 있다고 합니다. 하지만 아직까지도 발작에 시달리는 일이 많아서 지난해에도 온몸이 경직되는 듯한 심한 발작으로 병원에 실려갔습니다.

치료를 받는 동안에도 몸이 굳어져 숨이 가쁘고 말도 할 수 없을 정도로 심한 충격 속에서 그녀는 이렇게 생각했던 모양입니다. '이번에야말로 잘못될지도 몰라. 아냐, 지금이라도 정심조식법을 하면 어떨까……'

발작을 일으키기 전 내 저서를 읽고 정심조식법이라는 것을 알게 되었고 실행하기도 했었기에 그녀는 순간적으로 그것을 떠올리고 긴급한 지금이야말로 그것이 필요하다고 생각한 것입니다. 그래서 병실 침대에 부자유스러운 몸을 눕힌 채 가쁜 숨을 참으면서 깊은 호흡으로 조식(調息)하기를 되풀이하였습니다.

그것이 월요일의 일인데, 그 다음날인 화요일에는 이미 일어나 돌아다닐 수 있을 정도로 회복되었다고 합니다. 뿐만 아니라 타고난 붙임성으로 친절을 베풀며 같은 방 환자들을 열심히 보살피다가 금요일에 담당의사의 승낙을 받고 바로 퇴원했다고 합니다. 지금까지 발작에서 그렇게 빠른 속도로 회복된 경우는 없었고, 그것은 전적으로 정심조식법 덕분이라는 그녀의 얘기를 나는 간접적으로 전해 들었습니다.

이 밖에도 오랫동안 야뇨증으로 고생하던 83세의 여성이 정심조식법을 시작하고 나서 그 증세가 깨끗이 나은 예도 있습니다. 또한 70세의 한 남성은 성대가 한쪽밖에 열리지 않는—아마도 젊은 시절 앓았던 폐결핵에 의한 유착 때문에—장애로 인해 목소리가 잘 나오지 않아서 소리를 알아듣기 어려웠다고 합니다.

그런데 정심조식법을 시작한 지 반 년쯤 지났을 때 갑자기 목구멍이 열리며 마치 바람이 통하는 듯한, 말 그대로 '가슴이 후련해지는' 느낌을 받았습니다. 의사에게 진찰을 받아보니, 과연 막혀 있었던 성대가 밸브를 완전히 연 것처럼 활짝 열려 있었다는 것입니다.

물론 이렇게 나이 많은 분들에게만 병의 치료 효과가 국한되어 나타난 것은 아닙니다. 갱년기 장애에 천식 증상까지 있었던 40대 여성이 정심조식법에 의해서 차도를 보인 일 등 조식과 상념의 힘으로 갖가지 장애·증상·질병이 치유되어 본래 타고났던 건강을 되찾은 사례는 남녀노소의 구별이 없습니다.

우주가 우리에게 준 가장 좋은 영양소인 산소를 몸속 깊이 호흡하여 신체의 '중심'부까지 들여보냄으로써 그것을 가능하게 할 수 있었던 것입니다. 말하자면 우리의 신체 내부와 자연·우주가 '조식'이라는 파이프에 의해서 하나로 연결되고 밀접하게 연관되며 나아가서는 일체화된 것입니다. 그 우주의 조화력과의 동조가 흐트러져 있던 신체의 균형을 맞춤으로써 우리를 괴롭혀 오던 갖가지 병과 증상을 저절로 없애 버렸다고 생각됩니다.

따라서 **정심조식법이란 우주의 무한한 힘을 체내로 끌어들이는 방법이며, 또한 우리의 몸과 마음을 그 무한한 힘에 동조시키는 방법**이기도 합니다. 우주의 위대한 조화력과 인간의 치유력을 바로 연결시켜 약해지고 쇠해진 것은 정상 상태로 되돌리고, 정상적인 것은 보다 건강하게 해주는 묘법이 정심조식법입니다.

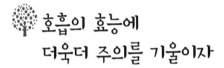

호흡의 효능에 더욱더 주의를 기울이자

불교에서 말하는 '아훔'이라는 말은 동양의 '호흡에 대한 관점'을 나타내는 단어라 할 수 있습니다. 아직도 신사(神社) 앞에서 볼 수 있는 한 쌍의 동물 모양 석상은 한쪽이 입을 벌리고, 다른 한쪽은 입을 다물고 있습니다. 입을 벌린 쪽이 '아'에 해당하는 것으로, 숨을 내쉬는 날숨(呼氣)을 나타냅니다. 다물고 있는 것은 '훔'으로, 숨을 들이쉬는 들숨(吸氣)을 뜻합니다.

이 두 가지 행위를 안정적으로 반복하는 것이 바로 호흡입니다. 그것은 건강과 장수의 근원인 동시에 정신적 안정에도 없어서는 안 되는 방법으로 인식되어 왔습니다. 좀 더 설명하자면, 큰 소리로 웃는 것처럼 '하하' 하고 숨을 토해 본다—이

것이 '아'입니다. 이번에는 아랫배를 부풀리면서 충분히 숨을 빨아들여 '웁' 하고 숨을 잠시 멈춘다—이것이 '훔'입니다. 이 것을 번갈아 되풀이하는 것이 일반적인 복식호흡입니다.

기껏해야 호흡같이 흔해빠진 행위를 그렇게 깊이 연구하여 심신의 건강과 건전함의 근원으로 인식하고 활용한 것은 동 양 특유의 지혜라 해도 좋을 것입니다. 서양의학의 신경생리 학 등은 이제 와서야 그 호흡의 효용을 과학적으로 논증하기 시작했습니다.

또한 호흡은 생체가 살아가는 리듬 그 자체라 할 수 있습니 다. 깊고 얕고, 길고 짧고, 거칠고 온화한…… 이러한 생명의 근원을 원리적으로 담당하는 생체 리듬에는 호흡 외에 심장 의 고동도 있습니다. 심장은 자율신경에 의해 제어되는 것으 로, 우리의 뜻대로 조절할 수는 없습니다.

그런데 호흡은 의식적으로 제어할 수 있는 수의근(隨意筋, 척 추동물에게 있는, 의지에 따라 움직일 수 있는 근육)의 지배를 받고 있기 때문에 우리는 호흡을 깊거나 얕게, 빠르거나 느리게 할 수 있 고, 또한 잠시 멈추는 것도 가능합니다. 즉 심장이나 그 밖의 다른 기관들의 기능과는 달리, 우리는 호흡을 의식적으로 그 리고 마음대로 조절할 수 있습니다.

그런데도 현대 인간의 행위 중에서 호흡만큼 무의식적이고 따라서 소홀히 취급받는 것도 아마 없을 것입니다. 식사에는 종류 · 재료 · 영양 등 까다로울 정도로 신경을 쓰는 반면, 일상생활 속에서 호흡을 의식적으로 하는 일은 거의 없습니다. 태어나는 순간부터 죽을 때까지 끊임없이 되풀이되는 너무도 당연한 행위이기 때문이겠지요. 들이쉬고, 내뱉고, 긴장했을 때 심호흡하는 그 정도밖에 신경쓰지 않고 있습니다.

그 결과 우리의 호흡은 매우 '얕아지고' 말았습니다. 생활이 바쁘고 시간적 여유가 없어진 것을 드러내기라도 하듯이 조급하고 표면적이며 가벼운 호흡밖에 하지 않습니다.

따라서 폐의 밑바닥까지 들숨이 충분히 들어가지 못해서 혈액을 통해 온몸으로 공급되어야 할 산소가 부족함과 동시에 온몸으로부터 노폐물을 거두어 내보내는 작업도 잘 되지 않습니다. 그 결과, 뇌를 비롯한 온몸에서 세포의 기능과 활동이 저하되어 몸과 마음의 건강을 해치기 쉬운 취약한 체질이 되고 마는 것이지요.

몸을 하나의 집이라고 생각할 때, 이것은 일부러 찾아온 '산소'라는 손님을 '폐의 윗부분'이라는 현관 앞에서 쫓아내는 것과 같은 행위입니다. 이렇게 해서는 거실과 부엌, 서재까지 신선한 공기가 구석구석 미치기는 정말 어렵습니다. 말하자면 어깨로 숨을 쉬는 '얕은 호흡' 상태로, 그것은 단지 '숨을 쉬고 있을' 뿐 도저히 호흡이라고는 부를 수 없다는 것이 내 생각입니다.

한편 생활환경의 악화라는 현대사회 특유의 문제도 있을 것입니다. 대기오염이라든가 건축 재료에 포함된 화학 물질, 그리고 공기라는 영양분 자체가 오염되어 있어서 그것이 인간의 호흡 기능이나 건강에 적잖은 타격을 주고 있는 것도 사실입니다.

하지만 **가장 큰 문제는 뭐니뭐니해도 호흡이 얕고 약하다는 것입니다.** 많은 사람들이 무의식적이며 무자각적으로 하고 있는 얕은 호흡에서는 산소의 섭취 효율이 매우 나쁠 수밖에 없습니다. 따라서 우리는 항상 가벼운 산소 결핍 상태에 빠져 있는 것이나 마찬가지입니다. 그렇게 되면 생명의 유지는 가능하겠지만, 몸을 적극적으로 건강하게 유지하기는 어렵다고 말할 수 있습니다.

호흡을 소홀히 하면 마음도 소홀해진다

짐작컨대, 옛날 사람들은 호흡의 중요성을 자각하고 매우 주의를 기울였던 것 같습니다. 예를 들어, 무도(武道) 등에서도 제하단전(臍下丹田, 배꼽 및 4~5cm 지점의 배 안쪽으로 교감신경과 부교감신경이 교차하는 곳)을 의식하는 복식호흡을 널리 행하였고, 학교에서도 학생들에게 심호흡을 자주 시켰습니다.

결국 폐라는 몸의 윗부분이 아니라 '배'라는 몸의 아래쪽을 사용하여 깊고 큰 호흡을 하는 것이 중요하다는 것을—과학적 근거는 모를지라도—많은 사람이 상식적·경험적으로 알고 있었던 것입니다. 지식은 비록 지금보다 부족했지만 몸과 생명, 그 감각을 통해 사물을 생각하는 '생명사고(生命思考)'에 있어서는 지금보다 훨씬 뛰어났다고 할 수 있습니다.

반면에 생명 유지와 건강에 가장 중요한 호흡이라는 행위에 대하여 의식하지 못하고 그것을 경시한다는 점에서는 현대의 우리들이 상당히 똑똑한 듯이 보여도 사실은 옛날보다 오히려 퇴보하고 있는 것이 아닐까 싶습니다. 신체감각과 생명사고에 있어서도 마찬가지입니다.

이른바 **난폭한 젊은이가 늘고 있는 이유도 이러한 얕은 호흡으로 인한 산소 부족 때문**이라고 설명할 수 있을 것입니다.

우선 젊은이들의 호흡이 얕습니다. 그것은 자세와도 관련이 있는데, 체격이나 체형은 옛날보다 훨씬 좋아졌지만 최근의 젊은 사람들 자세를 보면 아주 나쁩니다. 사실 나쁘다기보다는 단정하지 못하다, 흐트러져 있다는 표현이 더 정확할 것입니다. 걷고 있을 때나 앉아 있을 때 거북목 자세가 되어 머리가 앞으로 나가 있는 사람이 많습니다. 그래서 턱이 올라가게 되고 호흡은 입 끝에서만 맴돌고 맙니다. 이미 폐의 윗부분에조차 공기를 들여보내고 있는지 미심쩍은 입호흡이 되어 버리는 것입니다.

게다가 앞서 말했듯이, 그들이 태아기였을 때 어머니의 호흡이 얕았던 문제도 있습니다. 따라서 그들의 뇌세포는 태아기의 무호흡 시절과 생후의 호흡 시절이라는 두 가지 측면에서 만성 산소부족에 시달리게 된 셈입니다. 그것이 신경세포의 기능 저하와 정서불안정 등의 장애로 이어져서 감정을 억제하거나 컨트롤하는 데 어려움을 겪고 있다, 즉 화를 잘 내고 난폭한 젊은이가 늘고 있다고 생각됩니다.

그러므로 젊은이와 아이들의 마음이 황폐화되고 불안정해지는 것은 내가 생각하기에 사회병리학적 현상이라든가 교육과 학교 등의 문제라기보다는 얕은 호흡에 가장 근원적인 원인이 있다고 보여집니다. 현대인들의 신체적 건강이나 마음의 건강을 해쳐 기능이 저하되는 원인은 모두 호흡에 문제가 있기 때문입니다.

그러나 반대로 생각하면, 그것은 호흡이라는 원시적이고도 지극히 원칙적인 신체 행위가 잘못되거나 부족해서 생긴 것입니다. 따라서 잘못 채워진 첫 번째 단추만 바로잡으면 그 다음은 우리 몸이 스스로 자연스럽게 시정하고 조정할 것입니다. 즉 자연치유력이 작용하게 됩니다. 얕은 호흡을 깊은 호흡으로 바꾸어 시행하기만 하면, 원래 완전하게 만들어져 있는 뇌세포와 신체기능이 본래의 기능대로 작동하게 되고, 우리의 몸과 마음은 차츰 건강을 되찾아 '조화'의 상태로 나아갈 것입니다.

도쿄의 어느 대학에는 단전호흡법을 중심으로 일본의 다양한 전통적 몸의 움직임을 실천함으로써 신체감각과 그 문화를 배우는 강의가 개설되어 있다고 합니다. 학생들로부터 입사 면접시험을 침착하게 치렀다든가, 사람들 앞에서 긴장된 목소리로 말하지 않게 되었다는 등의 효과가 보고되고 있다는 얘기도 들었습니다. 깊은 호흡이 정신적 안정에 크게 기여한다는 것을 증명하는 예라 할 수 있습니다.

내 독자로부터 들은 예도 마찬가지인데, 이웃집에 사는 한 젊은이가 술을 마시면 이웃 사람이나 지나가는 사람에게 폭언을 하고 폭력을 휘둘러 몇 번이나 경찰 신세를 지곤 했다고 합니다. 모두가 괴로워하자, 생각다 못해 그 젊은이와 이야기할 기회를 만든 그는 내 강연 비디오를 보여주며 정심조식법을 실천하도록 권유했습니다. 그 젊은이는 감사의 마음을 표했고, 얼마 후 확실히 얌전해지고 온화해졌다고 합니다.

깊은 호흡에 의해 몸의 중심 깊숙이까지 산소를 채우고, 세포 구석구석까지 우주의 무한한 힘을 골고루 미치게 한다—그것은 우리 몸과 마음을 올바른 방향으로 향하게 만드는 '향상과 조화'의 기법이라 할 수 있습니다.

갓난아기를 자세히 관찰해 보면 한 가지 사실을 깨달을 수 있습니다. 그들의 호흡이 매우 깊다는 것인데, 그 이유는 갓난아기들이 복식호흡을 하고 있기 때문입니다.

갓 태어난 아기는 예외 없이 모두 복식호흡을 합니다. 그러나 성장함에 따라 인간은 이 복식호흡을 잊어버린 채 코나 입으로만 숨을 쉬게 되고, 때로는 어깨로 숨을 쉬기도 합니다.

인간으로서 첫발을 내딛는 초기 단계에서의 호흡법이 복식호흡이라는 사실은 우리에게 시사하는 바가 매우 큽니다.

갓난아기는 산소를 몸속 깊이 빨아들여야 한다는 사실의 중요성을 알고 자연스럽게 실천하고 있는 것입니다. 갓난아기는 인간이 후천적으로 학습하고 획득하는 지식과 정보, 사고 능력이 부족한 시기에 가장 알기 쉬운 형태로 생명의 원리와 건강함을 표현하고 있는 존재라고 하겠습니다.

내가 고안한 '완성된 복식호흡법'―정심조식법

일반적으로 깊은 호흡이라 하면 복식호흡을 떠올리겠지만, 그 복식호흡에도 여러 가지 방법과 형태가 있습니다.

페호흡에서는 심호흡을 할 경우 가슴이 부풀어 오르는데, 복식호흡에서는 들숨을 아랫배에 모으기 때문에 가슴이 아니라 배가 부풀어 오른다, 혹은 들숨보다는 숨을 토해내는 날숨 쪽에 강하게 의식을 모으고 시간도 오래 유지한다…… 그러한 몇 가지 공통점을 제외하면 각각의 호흡법에 따라 미묘한 차이가 드러납니다. 그것이 어떤 방법이든 당연히 좋은 부분도 있고 부족한 부분도 있습니다. 어느 것이나 일장일단(一長一短)이 있어서 모든 사람에게 최고로 좋은 방법이라고 할 수 있는 호흡법이란 없는 것 같습니다.

내가 말하는 정심조식법도 그 복식호흡의 일종입니다. 그러나 자화자찬으로 들릴지 모르겠지만, 그것은 '거의 완성된 복식호흡법'이라고 자부하고 있습니다. 병약했던 내가 어린 시절부터 다양하게 시험·연구하고 내 방식대로 조정을 거듭한 끝에 완성한 궁극적인 건강호흡법으로, 복식호흡을 바탕으로 하고 있지만 다른 호흡법과는 다른 특징과 이점이 있습니다.

가장 큰 특징은 여러 번 말해 왔듯이, '조식'이라는 호흡 방법뿐만 아니라 '정심'이라는 매일의 마음가짐과 상념·내관(內觀, 상상)의 힘까지 더하여 몸과 마음 양면에서의 건강을 가능하도록 한 것입니다. 정심조식법의 구체적인 방법에 대해서는 이 책 뒷부분에서 상세히 소개하고 있으므로 여기서는 그 특징과 이점에 대해서만 정리해 보겠습니다.

〈정심조식법의 특징과 이점〉

① 호흡에 맞추어 상념과 상상의 힘을 발휘한다.

정심조식법에서는 흡식(吸息)·충식(充息)·토식(吐息)·정식(靜息)이라는 일련의 동작에 맞추어서 '병이 나았다'라든가 '일이 성공했다'는 상념을 발하고, 그것이 성공하고 실현된 이미지를 마음속에 그려(내관)보는 것입니다. 호흡법과 병행하여 마음과 생각의 힘을 작동시킴으로써 우주에 가득 찬 무한한 힘을 체내에 끌어 모으고(호흡), 또한 내보냅니다(상념). 그럼으로써 실천하는 사람의 생각을 실현하고 소망을 달성시키는 '물리적 힘'이 되는 것입니다.

모든 인간의 행위 및 물리적 현상은 전부 자기 자신의 마음이나 생각의 영향을 받고 있습니다. 깊은 호흡은 그 생각을 강화시킴으로써 소망이 실현될 수 있도록 후원하는 셈입니다.

② 횡격막을 충분히 눌러줌으로써 폐의 밑 부분까지 공기를 채운다.

폐의 형태는 범종처럼 위가 좁고 아래가 넓은 자루 모양으로 되어 있습니다. 윗부분을 폐첨(肺尖), 아랫부분을 폐저(肺底)라 부르는데, 보통의 호흡법으로는 폐 가득히 공기를 채우려 해도 기껏해야 폐첨에 그치고 폐저까지 들숨이 골고루 미치는 일은 거의 없습니다. 의식적으로 심호흡을 하더라도 어깨가 오르내릴 뿐입니다. 말하자면 '어깨로 숨쉬기'만 하는 경우가 많고, 폐 전체에 산소가 가득 차는 일은 거의 없는 것이지요. 따라서 **정말로 깊은 호흡을 할 수 있으려면 폐저, 즉 폐 아랫부분까지 공기를 들여보내야 합니다.**

그럼 어떻게 해야 폐저까지 공기를 보낼 수 있을까요? 그 포인트는 폐 아래에 위치한 횡격막을 충분히 내려뜨리는 데 있습니다. 횡격막은 폐 아래에 있어서 폐를 떠받치고 있는, 말하자면 폐와 복부를 나누는 근육으로 된 막입니다. 이것을 눌러줌으로써 폐를 포함한 흉곽 전체가 확대되고 배가 부풀어 공기를 폐저까지 골고루 보낼 수 있게 됩니다. 이것이 결국 복식호흡으로, 폐첨호흡에서는 횡격막이 오르내리는 일은 거의 없습니다.

횡격막을 내리는(오르내리게 하는) 것, 그것이 바로 깊은 호흡을 하는 요령입니다. 그렇다면 그 횡격막은 어떻게 해야 내려가는 것일까요? 이때 중요한 것이 '단전'입니다. 단전은 배꼽 아래 4~5cm 내려간 곳에 있는데, 거기에 의식을 집중하고 힘을 주면서 숨을 들여보내듯이 하면 자동적으로 횡격막이 내려가며 폐 전체에 공기가 채워지게 됩니다.

이것은 복식호흡에서 가장 중요한 점으로, 어느 호흡법에서나 단전의 중요성은 크게 강조되고 있습니다.

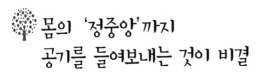

몸의 '정중앙'까지 공기를 들여보내는 것이 비결

③ 몸의 중심부까지 들숨을 들여보낸다.

단전을 강하게 의식하는 것의 중요성에는 전혀 이의가 있을 수 없습니다. 하지만 일반적인 복식호흡법에서는 그 단전의 위치를 배꼽 바로 밑, 복부의 표면부로 파악하는 경우가 많습니다. 즉 뱃가죽과 복벽(腹壁) 부근에 단전이 있다고 생각해 들숨을 몸의 전면부로 밀어 넣듯이 하는 것입니다. 이러한 종래의 복식호흡은 엄밀한 의미에서 복식호흡이 아니라 '복벽호흡'이라고 할 수 있을 것입니다.

정심조식법이 다른 복식호흡법과 가장 다른 것은 사실 이 점인지도 모르겠습니다. 즉 **정심조식법에서는 단전이 몸의 표면이나 전면부에 있는 것이 아니라, 같은 배꼽 아래라도 좀 더 몸속 깊은 곳(등 쪽), 다시 말해 복벽과 등의 중간쯤에 위치하고 있다고** 생각합니다.

CT 스캔 촬영에서는 우리 몸의 '횡단면' 그림을 볼 수 있는데, 그 단면의 한가운데 부분이 정심조식법에서 말하는 단전입니다. 복부를 가로지른 그 단면도에 내접하는 '田'자를 썼을 때 그 田자 속의 세로획과 가로획이 교차하는 중심점, 바로 그곳이 정심조식법에서 말하는 단전인 것입니다. 인간의 몸에서 상하·좌우·전후의 모든 중심에 있는 한 점, 말하자면 몸의 '정중앙'입니다.

표면이 아니라 그 정중앙 부분에 의식을 모으고, 힘을 주면서 그곳을 목표로 들숨을 들여보내듯이(밀어 넣듯이) 합니다. 그러면 맨 밑까지 횡격막이 내려가고, 따라서 폐가 한껏 넓어져서 폐 전체 구석구석까지 공기가 가득 채워지게 됩니다.

물론 실제로 단전에 공기가 들여보내지는 것은 아닙니다. 하지만 그 '정중앙'에 의식을 집중하고 꾹 힘을 주면서 공기를 밀어 넣듯이 합니다. 또한 머릿속으로는 그러한 이미지를 강하게 그립니다. 이 방식이 내 경험상 가장 효율적으로 폐저까지 공기를 채우고 깊은 호흡을 가능하게 만드는 방법입니다.

④ 신체의 중심 감각이 길러져 몸과 마음이 모두 안정된다.

몸의 정중앙에 공기를 들여보내는 것은 신체의 '중심'에 작용하는 것입니다. 몸의 정중앙을 강하게 의식하고 힘을 줌으로써 우리 몸의 중심 감각이 자극되어 몸과 마음이 균형적으로 건강해지는 데 큰 도움이 됩니다. 항상 아랫배의 중심에 힘과 의식을 집중함으로써 이른바 '마음의 안정'—너그러움과 온화함, 어떤 일에도 흔들리지 않는 듬직하고 침착한 마음—이 길러지는 것입니다.

또한 몸의 정중앙에 공기를 들여보내는 것은 폐로부터 단전, 더 나아가서 그 아래의 항문에 이르는 몸의 중심 부분에 이른바 '공기통'을 만들어주는 것이기도 합니다. 그것은 육체와 정신의 '대들보' 역할을 합니다. 따라서 당연히 신체의 균형 감각이 좋아지고 무게중심도 안정되며 척추가 자연스레 펴져 저절로 바른 자세가 됩니다.

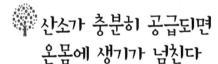

산소가 충분히 공급되면 온몸에 생기가 넘친다

이러한 특징과 효능을 지닌 정심조식법을 실천하게 되면,

폐 기능이 최고로 발휘되어 체내로 섭취되는 산소의 양이 매우 많아집니다. 그 결과 혈액이 체내에서 회수해 온 이산화탄소도 충분히 내보낼 수 있습니다.

깊고 큰 호흡을 반복함으로써, 건강에 가장 중요한 기본 요소인 산소를 체내에 충분히 공급하고 순환시켜 온몸에 생기와 원기가 넘쳐나고 활기차게 만들 수가 있습니다. 정중앙에 공기를 모으는 일은 바로 몸의 중심에 우주의 무한력을 모으는 것입니다. 정심조식법에 의해 일단 몸의 중심에 무한력을 모으고, 거기에서 다시 온몸을 향해 그 효능이 구석구석 퍼져나가는 것이지요.

복식호흡에는 아랫배에 힘을 줌으로써 복압(腹壓)을 높여 장의 혈관이 활발히 작동하게 하고 혈행을 좋게 하는 효과가 있습니다. 하지만 앞서 말했듯이, 보통의 복식호흡으로는 복부에 대한 위쪽에서의 압력이 충분치 않습니다. 그러나 정심조식법은 폐저까지 공기를 채우고 폐를 크게 부풀림으로써, 펌프의 압력처럼 자연스럽게 무리하지 않고 횡격막을 내려줄 수 있습니다.

따라서 복압이 최대한 높아져서 장의 혈행도 순조로워지고, 산소를 비롯해 장으로부터 흡수된 단백질·탄수화물·비타민 등 많은 영양소도 순조롭게 운반이 이루어집니다. 그 결과 온몸의 세포에 신선한 산소와 충분한 영양이 골고루 전해짐으로써 체세포가 활성화되고 우리의 치유력과 건강력이 증강될 수 있습니다.

몸과 마음의 건강에는 의사도 필요 없고, 약도 소용 없습니다. 그저 복식호흡의 진수인 정심조식법을 실행하면 됩니다. 깊은 호흡, 몸의 중심으로 호흡하는 방법을 습관화하기만 하면 되는 것입니다. 몸의 정중앙으로 공기를 들여보낸다고 하면 왠지 어렵게 생각될지도 모르지만, 실제로 해보면 그다지 어렵지 않고 익숙해지면 아주 자연스럽게 할 수 있습니다.

그리고 그것이 습관화되면, 정심조식법을 하지 않을 때의 일상적인 호흡도 저절로 깊어져서 항상 폐저까지 공기를 가득 채우고 온몸에 산소를 충분히 공급할 수 있게 될 것입니다.

 ## 단순하되
누구나 할 수 있어야 한다

내가 말하는 정심조식법은 달인이 아니고는 실천할 수 없을 정도로 까다로운 것이 아닙니다. 남녀노소 누구라도 할 수 있는 간단하고 쉬운 호흡법입니다.

단순한 것은 누구나 쉽게 할 수 있다는 것이 나의 신념입니다. 창조주는 우리를 매우 단순한 원리로 만들어 놓았습니다. 만물의 근본 원리는 매우 간단하고, 언뜻 보기에 복잡해 보이는 것이라도 단순한 원리들이 축적된 것에 불과합니다. 하물며 호흡처럼 누구에게나 꼭 필요한 행위가 어렵게 만들어졌을 리 없겠지요. **창조주는 우리에게 '가장 필요한 일에 절대로 어려운 조건은 붙이지 않기' 때문입니다.**

따라서 호흡하는 데 있어 몇 가지 지켜야 할 방법이나 순서는 있지만, 최소한 필요하고 또 이것만 따라 지키면 된다고 할 수 있는 것을 꼽으라면 **'깊고 크게 호흡하는'** 것뿐입니다. 그것만 실행하면 기본적인 효과는 얻을 수 있습니다. 그 밖의 자세한 요령과 방법은 그 효과를 더욱더 높이기 위한 플러스 알파라고 생각해 주시면 됩니다.

정심조식법에는 이렇게 해야 한다는 커다란 원칙 외에는, 이것을 하면 안 된다든가 이러면 곤란하다고 하는 등의 세밀한 금지조항이나 강제사항은 전혀 없습니다. 아침에 일어나자마자 해도 좋고, 밤에 잠들기 전에 해도 좋습니다. 물론 점심 후 휴식시간에 해도 괜찮고 아침과 밤으로 나누어서 해도 괜찮습니다. 실천자가 할 수 있는 범위 안에서 자유롭게 하면 되는 것입니다.

자유롭게 하기 때문에 한동안은 효과가 없어서 쓸데없는 일을 하고 있다는 생각이 들지도 모릅니다. 그래도 꾸준히 계속해 나가다 보면, 저절로 넘치거나 부족한 것을 알 수 있게 되며 자연스레 조정될 것입니다. 그래서 최종적으로 가장 하기쉽고 효과도 가장 큰 방법, 즉 '단순'하면서도 '누구나 할 수 있는' 방법에 다다르게 될 것입니다. 단순하고 누구나 할 수 있는 방법이란, 자유자재의 경지에 이르는 길이며 자재력(自在力) 그 자체이기도 합니다.

정심조식법에 어렵거나 분명치 않은 부분은 거의 없지만, 그렇더라도 처음 접하는 사람에게는 글로만 설명하기에는 한계가 있어 이해하기 어려운 부분이 있을지도 모르겠습니다. 그래서 정심조식법의 방법에 관한 독자들의 궁금증을 해소시켜 주기 위해서 주의사항과 틀리기 쉬운 점을 몇 가지 들어 보충 설명하기로 하겠습니다.

〈상념과 내관의 관계〉

가장 이해하기 어려워하는 것은 아마도 상념과 내관(內觀)의 관계, 특히 내관에 대해서일 것입니다. 예를 들어, 상념은 알겠는데 내관이란 어떤 것인가, 어떻게 하면 좋은가 하는 질문이 있을 수 있겠지요.

이에 대해서는 책 뒤쪽의 〈부록〉 부분에서도 언급하고 있지만, 여기서 간단히 말하자면 **상념이란 자신의 마음으로부터 나오는 생각과 소망입니다.** 그리고 **내관은 그것(상념)을 자기의 마음이나 머릿속 스크린에 영상 혹은 그림으로 그려보는 것입니다.**

예를 들면, 뭔가 간절히 원하는 일을 할 때 우리는 그 내용을 입 안에서 외칩니다. 소리를 내지 않더라도 마음속으로 중얼거리는 것이지요. 이 소리라든지 중얼거린다든지 하는 것은 문자나 말로써 하는 것입니다. 이것이 상념에 해당합니다.

한편 그 내용을 그림으로 상상하는 것, 즉 상념을 마음의 눈으로 보는 것이 바로 내관입니다. 아프던 발이 나았다, 나았다고 생각하는 것은 상념입니다. 나아서 활기차게 거리를 걷고 있는 자신의 모습을 상상하는 것이 내관입니다. 그렇게 생각하면 어려울 것이 없을 뿐더러 상념과 내관의 관계도 잘 알 수 있겠지요. 따라서 문자적인가 회화적인가의 차이는 있지만, 이 둘은 뚜렷이 구분되는 것은 아닙니다. 같은 것이 생각과 시각의 두 가지 형태를 띠고 있다고 생각하면 될 것입니다.

또한 조식과 상념, 내관을 따로따로 하는 사람이 있는데, 가능하면 동시에 병행하여 하는 편이 좋습니다. 물론 조식만을 단독으로 해도 건강에 충분히 효과가 있고, 상념을 호흡법 없이 해도 역시 실현 효과는 있습니다. 하지만 생각과 호흡을 동시에 했을 때 최대의 힘을 발휘합니다.

🌳 손깍지를 끼는 모양에도 중요한 의미가 있다

정심조식법을 실천할 때는 '방울도장'이라는 특수한 손깍지 형태를 취합니다. 양손을 모아 주먹밥을 만들듯이 살며시 맞잡으면서 둥글게 공 모양을 만드는 것입니다.

이 방울도장은 정심조식법에서 매우 중요한 의의를 갖고 있습니다. 그것은 수행을 할 때 하늘의 뜻을 받는 모습이며, 흔히 말하는 피라미드 파워와 마찬가지로 우주의 에너지를 모으고 축적하기 쉬운 형상입니다. 양손으로 만든 그 피라미드와 비슷한 삼각추 모양을 안테나 삼아 우주의 무한력이 모여들고, 그곳을 통해서 우리는 체내에 무한력을 섭취할 수 있습니다.

따라서 정심조식법을 끝마친 뒤에는 누구의 손에나 무한력에 의한 '치유력'이 충전되고, 거기에서 힘이 나오게 됩니다. 강약의 차이는 있지만 누구의 손바닥에서나 예외 없이 치유력이 나오는 것입니다. 내가 생각하기에 오른손 쪽에서는 자신 이외의 상대에 대한 치유와 자애의 힘이, 그리고 왼손바닥에서는 자기 자신에 대한 사랑과 치유의 에너지가 나오는 것 같습니다.

양손에 밖으로 향하는 힘과 안으로 향하는 힘이 서로 대칭을 이루고 있습니다. 결국 **방울도장이란 '자신의 마음을 닦고 널리 사랑을 베푸는'** 모습을 나타냅니다.

그래서 아프거나 불편한 곳이 있는 사람은 정심조식법을 하고 나서 그 환부에 손을 대거나 가볍게 문지르면 치유 효과가 있습니다. 그 대상이 가족이나 지인이라면 오른손으로 상대의 환부에 손을 대거나 어루만져 보십시오. 이것 또한 정도의 차이는 있지만 틀림없이 '치료' 효과가 나타날 것입니다.

규슈에 사는 한 내과의사의 예를 들어보겠습니다. 그는 정심조식법을 시작하고부터 조식 후 어찌된 일인지 기혈이 머리 쪽으로 치밀어오르며 숨이 차고 머리가 띵한, 이른바 '상기(上氣)' 상태가 되어 밤에 잠을 제대로 잘 수 없게 되었다고 합니다. 그래서 그는 일부러 시간을 내어 에도가와에서 열린 실습강의에 참가하며 강사로부터 기초과정을 하나하나 배웠습니다. 그리고 집으로 돌아가 실천해 보았더니 상기 증상이 일어나지 않았다고 합니다.

잘 생각해 보니, 그때까지 방울도장의 손깍지가 제대로 되지 않았던 것이 실습강의에서 시정되었고 그 결과 상기 증상이 뚝 그친 것 같다고 말했습니다. 이런 경우도 있으므로 방울도장의 모양에 꼭 유의할 필요가 있습니다.

그래서 내가 실천하는 방법은 호흡과 병행하여 상념을 발할 때 하나의 상념에 대하여 5회의 호흡(흡식·충식·토식)을 하는데, 이때 방울도장을 만든 손가락으로 다섯을 세는 것입니다. 첫 번째는 엄지손가락, 두 번째는 검지, 세 번째는 중지…… 하는 식으로 차례로 힘을 줍니다. 그러면 숫자를 틀리지 않고, 무한력이 손바닥으로 집중되어 끌어 모아지는 효과도 보다 향상되는 것 같습니다.

언뜻 보기에 바람직하지 않은 증상도 하나의 과정이다

정심조식법은 우리 몸과 마음의 건강 밸런스, 곧 '조화력'을 되찾기 위한 호흡법입니다. 그러므로 사람에 따라서는 그 조화를 되찾는 과정에서 언뜻 보기에 오히려 나빠진 듯한 증상이 나타나는 경우도 있습니다.

예를 들어, 밤에 잠을 제대로 잘 수 없게 되었다든가 코피가 자주 난다는 경우도 있습니다. 하지만 이런 것들은 몸 전체가 밸런스를 찾아가는 과정에서 필연적으로 나타나는 일시적 현상인 '명현'반응이라고 생각하면 됩니다. 날씨가 더우면 우리 몸은 자연스럽게 땀을 내어 체온을 떨어뜨리는데, 이러한 증상은 그 땀과 같은 것이라고 할 수 있습니다.

결국 그것은 치유되는 과정, 조화를 되찾는 과정에서 일어나는 정당한 반응입니다.

그러므로 잠을 잘 수 없게 되었다면, 억지로 자려 하지 말고 평소에 바빠서 읽지 못했던 책을 읽는 시간으로 활용하는 등 자연스럽게 보내면 됩니다. 그러다 보면 조화를 이루어 숙면할 수 있게 될 것입니다. 코피가 나더라도 걱정할 필요는 없습니다. 정심조식법을 실천하면 혈행이 좋아지기 때문에 아마도 한동안은 코피가 자주 나는 사람도 있을 것입니다. 그러나 그것도 '좋아지기' 위한 과정에서 오는 하나의 증상이므로, 면역력이 강화됨에 따라 혈관이 튼튼해져서 코피도 나지 않게 될 것입니다.

비유해 말하자면, 제방 어딘가에 둑이 파손되어 낮아진 데가 있다고 합시다. 냇물의 흐름이 빈약하고 물의 양이 적을 때는 그 결함 부분이 잘 드러나 보이지 않습니다. 그러나 물살이 빨라지면 그곳에서 물이 넘쳐 흘러나오겠지요. 제방이 혈관, 냇물의 흐름이 혈행, 넘친 물이 코피입니다. 정심조식법을 실행하는 가운데 제방이 보수되고 흐름은 원만해지며 물도 넘치지 않는 '조화'로운 모습을 되찾을 수 있을 것입니다.

반대로, 많은 코피를 자주 흘리던 증상이 정심조식법에 의해 뚝 그쳐 버렸다는 경우도 있습니다.

홋카이도에서 일하는 50대의 한 샐러리맨은 어느 날 여러 사람들 앞에서 업무보고를 하고 있을 때 갑자기 코에서 많은 양의 피가 쏟아져 나왔다고 합니다. 코를 막고 있던 손수건이 새빨갛게 물들 정도의 양이었습니다. 그때는 겨우 수습할 수 있었는데, 그 후로 갑작스런 코피가 거의 습관화되다시피 하였고 한밤중에 코피가 좀처럼 멎지 않아 구급차를 부른 일도 있었다고 합니다. 이비인후과 의사에게도 몇 번인가 진찰을 받고 한방약도 먹어봤지만 전혀 호전되지 않았습니다.

그러던 어느 날 아침, 전에 없이 많은 양의 코피가 나서 그 엄청난 양에 눈앞이 캄캄해지며 불안감에 휩싸였을 때 문득 하나의 생각이 스쳐갔습니다. 전에 책에서 읽고 한 번 강습을 받은 적도 있는 정심조식법이었습니다. 그래서 즉시 실천해 보았는데 그 이후로 코피가 뚝 그쳐 버렸다는 것입니다. 그때부터 매일 세 차례, 한 번에 25회씩의 호흡법을 줄곧 실행해오고 있으며, 지금은 갑작스런 코피로 인해 당황하거나 염려할 일이 전혀 없다고 합니다. 아마도 이 사람에게는 출혈을 일으킬 만한 어떤 요인이 있었는데, 정심조식법에 의해서 그것이 치유되었을 것이라고 생각합니다.

말하자면 코피가 그친 것도, 일시적 출혈이 있는 것도 정심조식법으로 건강해지는 과정에서의 조화 효과 가운데 하나라고 할 수 있습니다. 그러므로 정심조식법을 시작하면서부터 어떤 증상이 나타나더라도 너무 걱정할 필요는 없습니다. **정심조식법은 특별히 격렬한 운동이나 몸에 무리가 되는 일이 결코 아닙니다. 단지 깊은 호흡을 했을 뿐입니다.** 그로 인해 나타난 증상이라면 그것은 몸의 자발적 반응이라고 할 수 있습니다. 몸이 스스로 그렇게 하도록 요구하고 있는 것입니다.

인간의 몸은 결코 잘못된 반응을 보이는 일이 없습니다. 감기로 열이 난다, 식중독으로 설사를 한다…… 이런 증세는 모두 몸에 해로운 요인을 밖으로 배출하려는 몸의 정당한 반응입니다. 마찬가지로, 모든 증상 역시 '필요하기 때문에 일어나고 있는' 것입니다. 그 이유는 원래의 조화로운 모습으로 되돌아가기 위해서입니다. 정심조식법은 그 '조화로운 모습으로의 복귀'를 촉진하는 수단이라 할 수 있습니다.

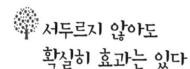

서두르지 않아도 확실히 효과는 있다

정심조식법을 실천할 때 몸의 통증이나 증상 때문에 등을 똑바로 펴기 어렵다는 사람도 있습니다. 그러나 이것도 고통을 참으면서 무리하게 할 필요는 없습니다. 처음에는 구부정한 상태라도 자신에게 편안한 자세에서 호흡법을 시작하면 됩니다. 실천하는 동안에 그 증상이 완화되어 마침내 등을 똑바로 펼 수 있게 될 것이기 때문입니다.

앞서 중요하다고 강조한 '방울도장'도 마찬가지로, 자리보전하고 누워 있다거나 어떤 병이나 장애가 있어 양손을 맞잡을 수 없는 사람은 무리해서 방울도장을 만들 필요는 없습니다. 누운 채로 몸을 일으킬 수 없는 상태에 있더라도 정심조식법을 실천할 수는 있습니다. 그런 사람은 앞에서도 말했듯이, 누운 자세 그대로 팔을 몸에서 약간 떼고 손바닥을 바닥이나 이부자리에 붙이듯이 하여 실행하면 됩니다.

효과가 좀처럼 나타나지 않는다는 얘기를 듣는 경우도 있습니다. 정심조식법에서는 임상 사례로 볼 때 이미 흔들리던 이가 이튿날 단단히 뿌리내렸다거나 코피가 뚝 그쳤다는 등의 즉효성이 나타나는 경우가 많습니다. 내장질환 등의 질병 치료에 대해서는 좀 더 긴 안목으로 볼 필요가 있습니다. 특히 생활습관으로 인해 생긴 병과 같이 오랜 기간에 걸쳐 나빠진 증상은 역시 시간을 들여 점진적으로 치료해 가야 합니다.

결국 포기하지 않고 꾸준히 계속해서 실천하는 것만이 정심조식법의 효과를 최대한으로 높이는 가장 좋은 방법이라 할 수 있습니다. 하지만 **무슨 일이 있어도 하지 않으면 안 된다는 의무감, 강박관념에 가까운 결심은 역효과를 가져올 뿐**입니다. 감기 때문에 열이 나거나 컨디션이 나빠져 몸이 나른할 때도 무리해서 정심조식법을 할 필요는 없습니다.

하고 안하고는 그때의 자신의 컨디션과 몸 상태를 살펴 상식적인 범위 내에서 판단하면 됩니다. 또한 이 정도라면 할 수 있겠다고 생각되면 해도 좋고, 삼가는 편이 좋겠다고 판단될 때는 안하면 됩니다. 여기서 중요한 것은 억지로 무리하지 않는 것입니다. 무리하지 않는 것도 건강을 지키는 일이기 때문에 각자 자신의 형편에 맞게 뜻대로 생각하면 됩니다.

계속하려는 의지는 중요하며 훌륭한 것이기도 하지만, 그것도 지나치게 얽매이다 보면 통상적인 일이 아니라 특별한 일이 되고 맙니다. '작심삼일'이라는 말도 있듯이, 특별한 일이라는 것은 결국 오래 가지 못하고 짧게 끝나 버리기 쉽습니다. 그래서 정심조식법뿐만 아니라 그날그날의 일과도 원칙적으로는 계속 하되, 나중에 하고 안하고는 그때의 형편에 따른다는 생각으로 느긋한 자세로 임하는 것이 좋습니다. 그것이 지치지 않고 오래 계속하는 요령입니다.

앞서도 말했지만, 나는 매일 아침 우리 집 맨션 옥상에서 골

2장 • 바른 호흡이 바른 생활방식의 첫걸음

프채로 공을 치는 것이 일과가 되었습니다. 시간으로는 한 시간 가량, 100구 정도를 네트를 향해 계속 칩니다. 연습을 위해 서이기도 하지만, 스트레스도 해소하고 운동이 되어 건강에도 좋습니다. 그리고 무엇보다도 내가 좋아하는 일이기 때문에 즐겁습니다. 나에게 있어서는 빠뜨릴 수 없는 중요한 일과이기 때문에, 비 오는 날을 제외하고는 1년 365일 거의 쉬는 일 없이 아침 식사 후에 하고 있습니다.

그러나 쉬지 않겠다거나 하루라도 걸러서는 안 된다는 식으로 그것을 의무로 여겼던 적은 한 번도 없습니다. 만약 컨디션이 나빠서 오늘은 힘들 것 같다고 생각했다면 즉시 그 일과를 중지했을 것입니다. 다행히 그런 일은 아직까지 한 번도 없었지만, 어쨌든 일과이기 때문에 그만두어서는 안 된다는 강박감은 나에게 전혀 없습니다.

현미식의 경우도 그렇습니다. 현미·채식 중심이 나의 식사 습관인데, 그렇다고 해서 그것 이외에는 절대로 입에 대지 않는다는 완고한 강박관념 따위는 없습니다. 골프장에서 식사할 때는 거기서 해주는 대로 맛있게 먹습니다. 외식에서 고기가 나오면 그것에도 젓가락을 댑니다. 순수하게 건강 문제를 생각하면 현미·채식을 일관하는 편이 좋겠지만, 그것에 지나치게 얽매이다 보면 도리어 부자유가 생기게 되고 그것은 나의 본뜻이 아니기 때문입니다.

그리고 조금 건강을 고려하지 않은 식사로 인해 몸에 부정적 영향이 생기는 것쯤은 정심조식법을 실천해 나가다 보면 간단히 상쇄되어 버릴 수 있습니다. 그러므로 그것도 **큰 원칙만 정해 놓고, 나머지는 그때그때 상식의 범위 내에서 자유롭게 하면 됩니다.** 자신의 역량 이상으로 무리하게 하거나 완고한 강박관념을 갖는 것은 말하자면 자신에게 가면을 씌우는 일이나 마찬가지입니다. 누구라도 그러한 가면을 오래 쓰고 있을 수는 없을 것입니다.

끝까지 노력하고 싶으면 노력하십시오. 또한 노력하고 싶지 않으면 노력하지 않으면 됩니다. 가면을 벗고 맨얼굴로 살아가는 것이 중요하기 때문입니다. 그것이야말로 지속력과 자재력의 원천이라 할 수 있습니다.

이것이 나의 '장수 비결' ①
─식습관

현미식·채식을 원칙으로 하고 있다고 말했는데, 이것은 이미 의사로서 생활할 무렵부터 70여 년에 걸쳐 형성된 오랜 습관입니다. 현미 자체가 생명을 지닌 먹거리이고, 또한 버릴 것 없이 전부 먹는 음식이라는 점이 우리의 '생명 원리'에 딱 들어맞기 때문입니다.

우리가 평소에 먹고 있는 백미는 현미의 찌꺼기라고 해도

2장 • 바른 호흡이 바른 생활방식의 첫걸음

과언이 아닙니다. 그것은 현미를 찧어 껍질인 겨를 없애고 정미한 것이기 때문에 땅에 뿌려도 싹이 나지 않습니다. 그러나 현미를 땅에 뿌리면 싹이 나옵니다. 백미는 인공적으로 가공되는 과정에서 생명을 잃어버린 반면 정제하지 않은 자연 그대로의 현미에는 생명이 있기 때문입니다.

따라서 채식도 생야채가 중심입니다. 볶거나 삶거나 가열하는 등의 가공을 전혀 하지 않은 채로 당근, 샐러리와 같은 생야채를 튼튼한 치아로 통째 우적우적 베어 먹는 것입니다. 물론 콩류나 조리한 뿌리채소류, 생선과 육류 등을 먹는 일도 있지만 현미와 생야채가 세 끼 식사의 기본 메뉴입니다.

그렇다고 해서 한쪽으로 치우치지는 않고 다양한 음식을 즐겨 먹습니다. 가능한 한 현미식을 하려고 노력하고 있을 뿐입니다. 예를 들어 채소를 주로 먹되 고기와 생선 등의 동물식은 적게 먹고, 단백질은 식물성을 섭취하는데 두부를 매일 먹습니다. '밭의 고기'로 불리는 콩류 식품에서 식물성 단백질을 섭취하는 것은 건강에 매우 좋은 일입니다.

너무도 소박한 음식이라 쓸쓸한 식탁 풍경을 떠올릴지도 모르지만, 그 자체가 하나의 생명을 지닌 먹거리를 통째로 먹는 일입니다. 인간의 건강에 있어서 사실 이만큼 이치에 맞고 또한 '사치'스러운 일도 없을 것입니다. 보통 사람들에게도 곡류와 야채 · 콩류를 식사의 기본으로 든든히 먹고, 다음에 부식으로서 어패류와 해조류 · 과일 등을 먹어 필요한 영양을 필요한 만큼 섭취하는 식사법이 가장 건강에 좋다고 말할 수 있습니다.

과일류는 100% 과실 주스를 마시는 것이 나의 식습관 중 하나이며, 식후에 솔잎을 씹는 것도 정해진 습관입니다. 이것도 전쟁이 끝난 지 얼마 안 되서부터 계속해 온 습관인데, 골프장에 가거나 할 때 솔잎을 갖고 가서 식후에 그것을 세 토막으로 잘라 맛이 나지 않을 때까지 껌처럼 계속 씹는 것입니다. 의학적·영양학적 효능에 대해서는 분명히 설명할 수 없지만, 그것이 치아와 잇몸을 아주 튼튼하게 해주는 것은 분명한 듯합니다. 아직까지 충치나 의치 없이 대부분 내 치아로 살아가고 있는 것도 사실 그 덕분이라고 생각합니다. 참고로, 적송 잎은 너무 물러서 씹기에는 적당치 않습니다.

땅콩에 붙어 있는 얇은 속껍질까지 통째로 아작아작 먹는 것도 남들이 신기하게 여기는 나의 식습관입니다. 땅콩 껍질에는 비타민과 미네랄이 함유되어 있습니다. 그것은 현미 껍질, 즉 쌀겨에 풍부한 영양이 함유되어 있는 것과 마찬가지입니다. **정백미로 가공하지 않고 먹거리를 껍질과 함께 통째로 다 먹는 것, 그것이 나의 음식철학**이라고 할 수 있습니다.

내가 식사할 때 주의하는 것은 이 정도입니다. 이 외에는 특별한 섭취법이라고 내세울 만한 것이 없고, 무엇무엇은 절대로 먹어서는 안 된다든가 유기농법으로 재배한 것 외에는 먹지 않는다든가 하면서 신경쓰는 일도 없습니다.

뭘 먹으면 좋은가 하는 것은 애써 어떤 지식이나 영양학 따위를 고려하지 말고 오히려 자기 몸에게 물어보는 것이 더 정확합니다.

가령 인간의 입과 치아 모양을 살펴보면, 인간이 육식에 적합한 생물이 아님은 분명합니다. 사자나 이리 같은 육식동물처럼 입의 형태나 치아 모양이 날카롭지 않기 때문입니다. 이것은 곡류나 채소류를 먹는 초식동물에 가까운 식사가 인간에게 가장 알맞다는 증거가 아닐까요?

또한 인간의 장(소장)은 몸길이에 비해 무척 깁니다. 이것도 인간이 초식동물이라는 하나의 증거입니다. 즉 채소와 같은 섬유질의 소화 흡수에는 시간이 걸리기 때문에 오랫동안 천천히 영양분을 섭취할 수 있도록 초식동물의 장은 길게 만들어져 있는 것입니다.

육류를 비롯한 동물성 단백질은 장에 장시간 머물러 있으면 부패하여 프토마인이라는 독소를 만들어냅니다. 이것은 몸을 산화시키고 면역력을 떨어뜨립니다. 다시 말해 기다란 장을 가지고 있는 인간에게 육식은 독이 되며, 그것은 몸의 건강을 해칠 뿐만 아니라 정신 상태에도 나쁜 영향을 미칩니다.

그 밖에도 필요하다면 고기도 먹고 단것도 입에 대지만 그것은 극히 예외적인 일이고, 기본 원칙은 현미식과 채식을 바탕으로 하고 있습니다.

식사는 식욕을 바탕으로 이루어지는 행위입니다. 욕망이 관계된 만큼 아무래도 거기에는 자신의 기호가 강하게 작용합니다. 좋아하는 것을 먹고 싫은 것은 꺼리는 일은 어쩔 수 없다 해도, 기호가 너무 강하면 건강을 해치는 원인이 됩니다. 당뇨병만 보아도 잘 알 수 있듯이, 인간은 대체로 자신이 '좋아하는 것'으로 몸을 망치게 됩니다.

이치를 따지자면, 기호란 그것만으로도 이미 한쪽으로 치우친 것입니다. 그러므로 기호에 편중되지 않도록 식사 내용도 원칙을 정해놓되, 그 다음은 좋든 싫든 지나치게 구애받지 말고 골고루 먹는 것이 중요합니다.

🌳 이것이 나의 '장수 비결' ②
─생활습관

덧붙이자면, 술과 담배는 일체 하지 않습니다. 이것들은 모두 체세포 기능을 저하시키는 해로운 기호품입니다. 다만, 그것을 함으로써 스트레스가 해소된다면 지나치지 않을 정도로 조심하면 됩니다. 모두에게 나처럼 하도록 충고할 생각은 전혀 없습니다. 하지만 안하고 살 수 있다면 그보다 더 나은 것은 없을 것입니다.

내친 김에 나의 하루 생활방식을 간단히 적어보겠습니다. 먼저 아침 6시에 일어나서 식사 후 옥상에서 한 시간 정도 골프를 칩니다. 이후 점심식사 전후로 독서를 하거나 TV뉴스 등을 대충 보고, 그 외에 손님이 찾아올 예정이면 오후에 사람들을 만나고 있습니다(이미 나이가 나이인지라 애써 제한하고 있습니다만). 그렇지 않으면 역시 저녁식사 전후로 독서, 원고 집필, 잡일 등을 한 다음 밤 10시에는 잠자리에 듭니다. 정심조식법을 실행하는 것은 그 취침 전의 30분 정도입니다.

책을 읽는 것은 내가 아주 즐기는 일로서, 소설·인물평론·역사서 등 가리지 않고 잡다한 독서를 하루도 빠뜨리지 않습니다. 아마도 눈이 보이지 않게 될 때까지 독서 습관을 버리지는 않을 것 같습니다. 사고력 단련에도 좋고 교양도 습득할 수 있으니, 독서는 확실히 인생에 즐거움과 기쁨을 가져다주는 좋은 취미의 하나라 할 수 있습니다. 8시간의 수면시간은 노인에게는 긴 편이지만, 눈이 말똥말똥해서 잠이 안 오는 일은 거의 없습니다. **잘 자는 것도 건강을 입증하는 증거로, 깊은 잠은 깊은 호흡에 호응하여 초래되는 것입니다.**

또 하나 내가 실천하고 있는 건강법이라면 목욕을 들 수 있습니다. 이 목욕은 젊었을 때부터 소중한 하루 일과입니다. 목욕을 하거나 욕조에서 나온 후 찬물로 샤워를 하는 것입니다. 이것은 피부를 수축시키는 방법으로, 피부에도 좋고 또 신체의 저항력을 높여주는 효과가 있습니다. 우리 몸이 본래부터 지니고 있는 면역력을 강화시켜 주는 것이 가장 바람직한 건강법이라고 할 수 있습니다.

사실 이렇게 적는 것도 부끄러울 정도로 평범하고 단조로운 나날이긴 합니다. 일어나서 먹고 씻고 잠자는 일 외에는 골프채를 휘두른다든가 책을 읽는다든가 깊은 호흡을 행하는 정도이기 때문입니다. 갓난아이의 하루와도 크게 다를 바가 없습니다. 그러나 특별한 하루나 극적인 사건만이 인생을 만드는 것은 아닙니다. 오히려 아무것도 없는 단순하고 평범한 날들을 하루하루 쌓아가는 것이야말로 인생을 의미 있고 안정적으로 사는 길입니다.

특별하다거나 불규칙한 것은 무리한 일이 되기 쉬워서 오래 지속하기 어렵습니다. 평범하고 안정된 나날을 다음 장에서 말하는 것과 같은 '바른 마음'으로 보내는 일, 그것이 가장 오래 지속할 수 있고 오래 살기 위한 '비결'이라고 생각합니다.

얕은 호흡을 깊은 호흡으로
바꾸어 시행하기만 하면,
원래 완전하게 만들어져 있는
뇌세포와 신체기능이
본래의 기능대로 작동하게 되고,
우리의 몸과 마음은
차츰 건강을 되찾아
'조화'의 상태로
나아갈 것입니다.

3

인생의 행복은
마음가짐에 달려 있다

극심한 불황기에도
병원이 번창한 이유

"그만두는 게 낫겠소. 이렇게 불황이니 환자는 전혀 안 올 거요. 특히 내과가 힘들어요. 이 부근의 내과 의사는 다들 이 제까지 저축한 돈으로 간신히 연명하고 있는 형편이에요."

"저는 그 내과입니다만……."

"그러면 더욱더 어렵겠소. 실은 나도 내과 의사였는데, 먹고 살 수가 없어 치질 전문의로 바꾸고 나서야 겨우 유지하고 있 어요. 차라리 이비인후과를 하면 어떻겠소? 이비인후과라면 도겐자카에 한 집 그럭저럭 번성하고 있는 병원이 있으니까 요. 그런데 어디서 개업할 생각이오?"

"시부야입니다."

"아, 난감한데…… 그곳은 사람의 왕래가 많지 않아요."

"……."

쇼와 초기, 나는 시부야에 내과병원을 개업했는데 그때 의 사협회장 집에 인사하러 가서 이런 이야기를 나누었던 기억 이 납니다. 당시 서른 살 정도였던 나는 개업의사로 갓 출발하 려는 기세를 꺾어놓는 듯한 그의 말에 유감을 느끼지 않을 수 없었습니다. 하지만 현실은 그 회장의 말대로였습니다.

뉴욕 월가의 주가 폭락을 신호탄으로 대불황이 세계를 덮 쳐, 일본에서도 도시에는 실업자가 늘고 농촌에서는 농경지를 양도하는 일이 속출할 만큼 심각한 상황에 휩싸였던 시기였습니다. 어쨌든 실업률은 30%에 달했고, 많은 사람들이 당장 먹을 양식을 구하기 위해 전전긍긍하고 있었습니다. 그 무렵에 비하면 요즘의 불황쯤이야 훨씬 나은 축에 속합니다.

불경기로 인한 가계의 재정난을 부추기듯이 당시는 보험제도가 없어 의료비가 환자 전액 부담이었으므로, 사람들은 어지간한 일이 아닌 한 의사에게 진찰을 받으려 하지 않았습니다. 특히 내과적인 질병은 가정상비약 같은 것으로 대충 다스리는 경우가 많아서 내과 의사의 타격은 당연히 더 심각할 수밖에 없었습니다.

그런 상황 속에서의 개업이라니, 게다가 내가 병원으로 쓰려고 빌린 집은 의사협회장의 말대로 인적이 드문 거리였습니다. 시부야 미야마스자카의 북쪽 언저리 일대였는데, 어느 왕족의 저택과 농장 외에는 겨우 몇 채의 집이 있을 뿐 통행인이라고는 지역 주민이나 그곳을 찾아오는 사람이 전부인 적막한 곳이었습니다. 지금의 시부야는 젊은이들이 밤낮을 가리지 않고 몰려드는 엄청나게 번화한 거리가 되었지만, 당시는 역에서 조금만 벗어나면 밭의 거름 냄새가 바람에 실려와 코끝을 스치는 한산한 시골 마을이었습니다.

병원으로 빌린 집은 휑뎅그렁하니 넓고 눈앞에는 농장이 펼쳐져 꽃이 피고 채소가 심어져 있었습니다. 정말 생기가 넘쳐서 평화롭게 살기에는 최고의 장소였지만, 시오야병원의 문을 두드리는 사람은 거의 찾아볼 수 없었습니다. 또한 개업 자금이 충분치 않았기 때문에 광고를 할 돈도 이미 남아 있지 않았습니다.

그런 상황에서 잊을 수도 없는 5월 5일 단오절날, 나는 결국 내과병원 간판을 내걸었습니다. 하늘은 활짝 개었고, 훈풍을 머금은 고이노보리(일본에서는 단오 명절에 종이나 천 등으로 만든 잉어 모양의 깃발을 만들어 집 앞에 달아놓는다. 남자아이의 성장과 출세를 기원하는 의미가 있다.)가 기분 좋은 듯 헤엄치고 있었지만, 의사협회장의 충고대로 찾아오는 환자는 전혀 없었습니다. 이틀, 사흘, 일주일이 지나도 역시 손님은 찾아오지 않았습니다.

🌳 변함없는 강한 신념이 현실을 바꾼다

그런데 그로부터 두 달도 채 되지 않아서 나는 아주 넓은 셋집에 감사하게 되었습니다. 대기실을 늘리지 않으면 안 될 정도로 환자가 속속 밀려들었기 때문입니다.

날마다 현관에 환자들의 신발이 넘쳐났고, 왕진 의뢰도 쇄도하였습니다. 결국 쉴 틈이 전혀 없어서 건강이 나빠질 정도로 나는 도쿄에서 제일가는 인기 의사가 되었습니다. 당시 평판 좋고 위세를 떨치는 의사는 인력거로 왕진을 나가는 경우가 많았는데, 나는 전세 택시를 쓰고 그래도 시간을 맞출 수가 없어 자가용차를 사들였습니다. 전속 운전사의 가족을 병원 근처에 살게 하면서 스미다가와 건너편까지 왕진을 다니는 날들이 계속되었습니다.

그 무렵 생존해 계셨던 아버지가 우리 집을 찾아오려고 택시를 타고서 "시부야의 병원으로……" 하고 말했을 뿐인데도 운전사가 "아, 시오야 병원요? 알겠습니다." 하고 알아들었다는 일화도 있을 만큼 새 병원은 번성하였고, 나는 유명의사가 되어 있었습니다.

물론 도쿄에 갑자기 환자가 늘어난 것도, 불황이 호전된 것도 아니었습니다. 다른 병원은 변함없이 한산하였고 성황인 것은 우리 병원뿐이었습니다. 왜 그랬을까요?

그것은 두말할 필요도 없이 바로 '생각의 힘' 때문입니다. 개점휴업 상태일 때도 나는 전혀 초조해하지 않고 태연히 대비하고 있었습니다. 그래서 의자에 걸터앉은 채 조용히 눈을 감고 '환자는 반드시 온다, 계속해서 찾아온다.'고 상념을 발하면서 대기실은 환자로 가득 차고 현관에도 손님들의 신발로 넘쳐나는 모습을 강하게 상상하였습니다. 그렇게 확신하며 몇 번이나 되풀이했습니다. 그 **강한 생각의 힘이 내가 상상했던 모습을 얼마 후 현실화시켜 준 것입니다.**

또한 앞에서도 말했듯이 약을 조제할 때도 빨리 병이 회복되기를 바라면서 상념을 하여 그 약효를 높였고, 환자들에게는 원래 생명선치료(生命線治療)라고 내가 이름붙인 독자적 '안수(按手)치료'를 일반치료와 병용하여 시행하였습니다. 요컨대 환부에 손을 대고 '나아져라, 나아져라' '나았다, 나았다'고 염원하였습니다. 그 생각의 파동에 의해서 환자가 본래 지니고 있는 자연치유력을 높임으로써 병을 극복하는 효과도 얻게 된 셈입니다.

그래서 저 병원에 가면 다른 곳에서 낫지 않던 병도 낫는다는 평판을 얻었고, 입소문이 더 많은 사람들을 불러들이면서 내 상상대로 더욱 번성하게 되었던 것입니다.

나중에 아내는 지난날을 회상하며 "환자가 한 명도 오지 않아도 나는 전혀 불안하지 않았어요. 오히려 태연했지요." 하고 말했습니다. 반드시 환자가 온다는 나의 상념 혹은 신념이 곁에 있는 아내에게까지 전해져 그녀를 저절로 평온한 마음 상태로 이끌었던 것이지요.

이렇게 생각의 힘은 염원을 실현시켜 줄 뿐만 아니라, 당신의 마음속에 흔들림 없는 굳은 신념과 평온함까지도 자리잡게 해줍니다. 그것을 바탕으로 두려움 없고 안정된 인생을 보낼 수가 있습니다.

담담한 마음을 지니면
걱정은 사라진다

　잠잘 시간도, 식사할 틈도 없을 정도로 환자들이 몰려들었으니 병원 수입도 상당했습니다. 솔직히 말하자면 그 당시 꽤 많은 돈을 벌었습니다. 하지만 돈을 벌려고 해서 벌었던 것은 아닙니다. 결과적으로 돈은 들어왔지만, 내가 의사가 된 목적은 어디까지나 환자를 치료하고 싶고 그것이 나의 천직이라는 생각 때문이었습니다.

　먹고 살기 위해서 의사라는 직업을 고른 것이 아니라 우선 사람의 병을 치료하는 것이 선결 과제이고, 그 결과 먹고 사는 데 궁핍하지 않을 정도의 돈이 들어오면 그것으로 만족한다 —나는 일과 돈의 관계를 그러한 순서로 생각했습니다. 그 순서를 잘못 정하여 돈벌이를 위한 수단으로 환자를 치료해서는 절대 안 된다고 스스로 다짐하기도 했습니다. 그래서 지금까지 더 많은 돈을 벌기 위해서 손익계산을 따져본 일은 한 번도 없었습니다.

　나는 원래 돈 계산에는 어두운 편입니다. 아니 분명히 서툴러서 지금도 돈 계산은 질색이고, 인생 100년을 결산해볼 때 자산이라고 할 만한 것은 거의 남지 않았습니다. 의사 시절에 한때는 치료비를 환자의 형편에 따라 스스로 알아서 내도록 한 적도 있을 정도입니다. 그러나 이 방식은 나의 호의를 악용하여 충분히 지불할 수 있는데도 내지 않는 사람이 나오자, 도리어 불평의 소리가 많아 원래대로 되돌리고 말았습니다.

그런데 돈벌이에는 서툴지만 지금까지 한 번도 돈에 궁핍함을 느꼈던 적이 없습니다. 필요한 돈은—돈뿐만 아니라 여러 가지 일도—언제나 금액이 얼마가 되었든 반드시 수중에 들어와서 돈 때문에 불편함을 느꼈던 일은 정말 없습니다.

돈이 필요해지면 강연 의뢰가 오거나 책의 인세가 들어오거나 해서 어떻게든 그것이 조달되었습니다. 그래서 지금까지 돈에 궁핍했던 경험이 전혀 없을 뿐만 아니라, 모아진 돈을 기부하는 여유까지도 생겼습니다.

나는 이것을 우연이라거나 운이 좋아서라고는 생각지 않습니다. 이것 또한 당연한 결과라고 생각합니다. 나는 필요에 따라서 상념을 발함으로써 필요한 것을 얻을 수 있는 방법을 알고 있습니다. 그런 사람을 결코 궁지에 빠뜨리지 않는 '신(우주무한력)의 가호'가 있다는 것도 잘 알고 있습니다. 또한 그와 같은 힘을 받아들이기 쉬운 마음의 상태, 즉 정심(正心)을 언제나 지니고 있습니다. 그래서 필요한 것은 틀림없이 얻을 수 있었고, 그 결과 어려움을 한 번도 경험하지 않았던 것입니다.

객관적으로 보자면 경제적 위기가 몇 번인가 있었는지도 모릅니다. 예컨대, 역시 병원을 운영할 당시 상당히 많은 액수의 소득세를 과세당하여 낼 수가 없게 되자 세무서에서 차압까지 해온 일이 있습니다. 자랑할 만한 이야기는 아니지만, 가재

도구에서 의료기구에 이르기까지 빨간딱지가 붙었고 간신히 분할하여 완납하기까지 그 봉인은 풀리지 않았습니다.

그 사이 돈을 마련하는 일은 결코 쉽지 않았습니다. 그래도 아내와 얼굴을 마주보며 비록 쓴웃음을 짓기는 했지만, '어떻게 해야 하나?' 하고 막막해했던 적은 한 번도 없었습니다.

또한 전쟁 후 금융 재정비를 위한 화폐개혁 때 개인예금이 봉쇄되어 당시 돈으로 2,000엔까지밖에 쓸 수 없도록 제한되었던 일이 있습니다. 이때도 특별히 초조해하거나 난처해하지 않고, 태연하고도 담담한 심정으로 일희일비하지 않고 지냈기 때문에 아무런 불편도 느끼지 못했습니다. 무엇보다도 2,000엔이라는 금액은 당시 결코 적은 액수가 아니었습니다. 따라서 필요한 범위 내에서 '만족할 줄 아는' 절도를 지키는 사람이라면 누구나 충분히 생활할 수 있었습니다. 예금 봉쇄로 인해 난처하고 곤란했던 사람은 필요 이상의 욕망을 갖거나 사치스러운 생활을 했던 사람이라고 할 수 있을 것입니다.

강하게 상념하면 필요한 것은 얻어진다

만약에 그 제한 금액이 2,000엔이 아니라 10엔이었다 해도 나는 곤란하지 않았을 것입니다. 필요한 것은 반드시 어떻게든 손에 넣게 된다는 확고한 믿음이 있었기 때문입니다. 그 사람에게 필요한 것이라면 신은 반드시 그것을 주고, 그것이 꼭 필요한 욕망이라면 하늘은 어김없이 그것을 허락해 준다— 그것이 하늘의 뜻이라는 것을 알았기 때문입니다.

'원하는 것을 얻을 수 없을 때는 얻어질 수 있는 것을 원하라.'는 격언이 있는데, 이것은 정말 맞는 말입니다. **내가 필요한 것을 반드시 얻을 수 있었던 것은 욕심내지 않고 필요한 것만을 원했기 때문**이라고도 할 수 있습니다.

달리 표현하자면, 필요 이상의 욕망을 품지 않는 한 당신이 돈에 궁핍해하거나 부족함을 느끼는 일은 없을 것입니다. 그러므로 만약 당신이 지금 '충분치 않다'고 부족함을 느끼고 있다면, 그것은 충분치 않은 것이 아니라 쓸데없는 것, 본래 불필요한 것을 원하고 있는 것은 아닌지 스스로 되돌아볼 필요가 있습니다.

인간은 꼭 필요한 것에 부족함을 겪는 일은 없습니다. 이 확신만 있으면 어떤 것에 집착하는 일도 드물어질 것입니다. 돈이 있는 사람이든 없는 사람이든 금전에 대한 집착이란 쉽게 사라지지 않는 법입니다. 없으면 갖고 싶고, 있으면 있기 때문에 더 갖고 싶어합니다. 하지만 나에게는 그 어떤 강박감도 없습니다. 여기에 돈이 많이 있건 없건 아무래도 상관없습니다.

그렇다고 해서 내가 성인군자인 체하려는 것도 아니고, 욕망을 부정하는 것도 아닙니다. 돈은 깨끗하지 못하며 불필요한 것이라고 말하는 것도 아닙니다. 오히려 다른 사람들과 마찬가지로 인생에서 돈은 꼭 필요한 것이라고 생각합니다. 적어도 남에게 의존하지 않고 자신과 가족의 생활을 유지해 나갈 정도의 '약간의 돈'은 누구에게나 필요한 비용입니다. 그래서 나는 돈이라는 것은 인생에서 몇 손가락 안에 드는 중요한 것이라고 생각합니다.

그렇지만 남들과 다른 점은 돈이 중요한 것, 바로 생존에 필요한 것이기 때문에 그것을 누구에게나 넘치거나 모자라지 않게 틀림없이 주는 것이 신의 큰 뜻이라는 사실을 이론적·경험적으로 확신한다는 점입니다. 따라서 악착같이 돈에 집착하거나 함부로 물건과 돈을 탐내지 않습니다. 오랜 가뭄 끝에 꼭 필요한 비라면 신이 반드시 비를 내려준다— 그 이치를 알기 때문에 새삼스럽게 기우제를 올릴 필요성을 느끼지 않는 것입니다. 그런 점에서, 즉 집착으로부터 자유롭다는 점에서 나는 '자유자재'하다고 말할 수 있습니다.

먼 옛날, 당시 돈으로 3만 엔이라는 거금을 지인에게 빌려준 채 결국 돌려받지 못한 일이 있었습니다. 그래도 나는 한 번도 독촉하지 않았습니다. 돌려줬으면 좋겠다는 생각도 없었습니다. 그 일로 인해 지인과의 사이가 어색해지지도 않았고, 그 후로도 변함없이 만남을 이어왔습니다.

상대방이 어떻게 생각하고 있는지는 모르겠지만, 나는 빌려준 돈을 돌려받지 못한 것도 하나의 이치라는 정도로 생각하여 특별히 구애받지도 않았고 '억지로 독촉하지 않겠다'며 내 마음을 억누르는 일도 없었습니다. 그리고 역시 어떤 필요성 때문에 그 돈이 내 손을 떠난 것이려니, 그렇게 담담하게 생각했습니다.

'자신의 욕망을 하나 없애는 것은 마음의 세계와 영적 차원에서 덕(德)을 하나 쌓는 일이 된다. 혹은 자기의 업(業)을 하나 없애는 일이 된다.'라는 말이 있습니다. 그러한 인과응보의 이치도 믿고 있었기 때문에 빌려준 돈을 돌려받지 못한 것은 현세적으로는(계산상으로는) 손해일지 모르지만, 더 높은 차원의 커다란 틀에 비추어보면 그것은 일방적인 손해라고 말할 수는 없습니다. 그것은 과거의 업의 소멸이며, 다음에 얻게 될 것의 원인이기도 하기 때문입니다.

그러한 확신이 아주 자연스럽게 가슴속에 새겨져 있었기에 나는 태연할 수 있었습니다. 돈이 들어오든 나가든 그것에 얽매이지 않고 그야말로 자유로운 마음이었던 것입니다.

🌳 마음의 구름을 걷으면 '바른 마음'이 드러난다

필요한 물건은 반드시 손에 들어오고, 가야 할 길이라면 틀림없이 길이 나타날 것입니다. 그러니 안달하거나 걱정하지 마십시오. 이렇게 말하면 보통 사람들은 그런 깨달음의 경지에 이른 듯한 심경에는 좀처럼 다다를 수 없다고 반론하는 소리도 있을 것입니다.

그러나 그렇게 자신의 뜻대로 되는 자재성(自在性)은 오성(悟性, 사물을 논리적으로 인식하고 이해하는 능력)의 경지 끝에 다다라서야 얻을 수 있는 까다롭고 난해한 것이 아닙니다. 매일의 간소하고 편안한 마음가짐에 의해 길러지는, 즉 달인이 아닌 보통 사람에게만 가능한 일상적 힘입니다.

요컨대, 앞서 말한 '정심'의 3원칙인 바른 마음자세를 일상생활 속에서 명심하여 실천하고, '조식'에 의해 우주의 무한한 힘을 체내 깊숙한 곳으로 호흡합니다. 그것은 하늘의 이치를, 신의 뜻을, 우주의 힘을 호흡하는 일입니다. 따라서 그것을 실천함으로써 자연히 뇌세포가 올바로 작동하게 되고, 큰 원리와 뜻에 기초한 건전한 몸과 마음이 형성되는 것입니다.

그렇게 **정심이 길러지면 자연스레 불필요한 것이나 쓸데없는 것은 원하지 않게 되고, 그 결과 필요한 것을 반드시 얻을 수 있게 됩니다.** 강박과 집착은 점점 사라지고, 해야 할 일과 가야 할 길이 비로소 보입니다. 곤란한 상황이나 장애물은 줄어들고, 어려운 일이 어렵지 않게 느껴집니다. 그 결과 모든 일이 뜻하는 대로 되는 '자재력(自在力)'이 몸에 익혀지는 것입니다.

좀 더 자세히 말하자면, 깊이 호흡하는 것만으로도 몸과 마음이 자유롭고 여유로워지기 위한 토대가 마련될 수 있습니다. 깊은 호흡을 하는 것이 그렇게 어려운 일이라고는 생각지 않습니다. 즉, 무엇에도 구애되지 않는 마음과 자재력을 형성하는 데 있어서 대단히 강한 의지력이나 어려운 수행 따위는 필요하지 않는 것입니다. 그것은 매일 세 끼 식사를 하는 것처럼 쉬운 일로서, 게으름 피우지 않고 정심조식법을 꾸준히 실천하기만 하면 됩니다.

어쩌면 그것을 '습관처럼 몸에 익히려고' 생각하기 때문에 강한 의지나 끊임없는 노력이 연상되어 어렵게 느껴지는 것인지도 모릅니다. 그게 아니라 원래 가지고 있는, 즉 이미 소유하고 있는 자유자재로운 마음과 힘을 다시 발휘한다고 생각하면 됩니다.

'모든 중생은 다 부처가 될 수 있는 본성을 지니고 있다.'는 불교의 말이 있습니다. 모든 것에는 불성(佛性)이 존재하고 있습니다. 부처와 같이 구애됨이 없는 마음, 바른 마음가짐, 좋은 생각…… 그것들은 모두 인간 속에 원래 내재되어 있다는 뜻입니다. 인간은 본래 그것들을 지니고 이 세상에 태어납니다.

뇌세포가 완벽하게 만들어져 있는 것과 마찬가지로, 인간은 누구나 그 내부에 '좋은 생각, 바른 마음'을 지니고 있습니다. 따라서 그것을 발휘하는 것도 사실은 결코 어려운 일이 아닙니다. 원래 소유하고 있는 것을 그 기능대로 작동시키는 일은 생물에게 있어 지극히 자연스러운 일이며, 무엇보다도 손쉽게 할 수 있는 일이기 때문입니다.

그런데 그것이 직접적으로 본래의 기능을 발휘할 수 없는 이유는 불성—내가 쓰는 용어로 말하면 우주무한력—이 작용하는 데 있어 우리 스스로가 구름을 만들어 버리기 때문입니다. 예를 들면, **얕은 호흡이나 필요 이상의 욕망에 의해서 구름이 형성**됩니다. 그 구름을 걷어내려면 단지 정심조식법을 실행하기만 하면 됩니다. 그러면 원래부터 있던 '태양'이 얼굴을 내밀 것입니다. 그것은 태양을 처음부터 만들어내는 것보다 훨씬 쉬운 일입니다.

좋은 생각이나 바른 마음은 '만드는' 것이 아니라 '드러내는' 것입니다. 그렇기 때문에 나 같은 보통 사람에게도 가능한 일이겠지요. 나에게 가능하다면 여러분에게는 더욱더 가능할 것입니다.

즉 정심조식법을 실천하면, 몸과 마음이 저절로 편안하고 자유로워짐으로써 바른 마음과 건강한 몸이 본연의 모습 그대로 드러납니다. 그 결과 불필요한 것은 버리고 필요한 것을 얻게 됩니다. 당신에게 어려운 일은 아무것도 일어나지 않을 것이고, 또한 '올바른 일만 생기게 될' 것입니다.

살아 있다는 감사의 마음이
암을 치료했다

앞에서 핀드혼 이야기를 했는데, 그곳에 몇 번이나 직접 갔다 오고 일본인에게도 소개하는 등 핀드혼과 깊이 연관되어 있는 사람으로 테라야마 신이치로 씨가 있습니다. 내 강연회에도 자주 왔을 뿐만 아니라 핀드혼에 관한 저서도 있는 분입니다.

테라야마 씨는 원래 열정적인 사업가였는데, 말기 신장암에 걸려 의사로부터 몇 달 살지 못한다는 시한부 선고를 받았습니다. 그때부터 지푸라기라도 잡는 심정으로 자택 옥상에서 일출을 맞이하며 온몸 가득히 햇볕을 쬐는 일이 일과가 되었습니다. 그리고 오래지 않아 늘 변함없이 지상을 비추며 빛의 은혜를 내리쏟는 태양에 대한 외경심이 싹트기 시작하면서 점점 죽음에 대한 공포가 줄어들었습니다.

그리고 인간은 살아 있는 것이 아니라 어떤 위대한 힘에 의해서 '살려지고 있다'는 기쁨과 감사의 마음이 깊이 우러나게 되었고, 자신을 그러한 심경에 이르게 해준 암에게조차 고마워하며 감사하는 마음과 애정을 느낄 정도가 되었습니다. 그와 병행하여 요가 종류의 호흡법을 실천하고 식생활도 개선하는 등 마음과 생활방식을 완전히 바꾼 결과 마침내 말기라던 암이 자연 치유되어 버렸습니다.

그 체험이 그를 핀드혼으로 이끌게 된 것입니다. 그의 저서에도 '암을 사랑하게 되면서부터 비로소 자연치유가 일어났다.'고 쓰여 있듯이, 불치병이 낫게 된 가장 큰 요인은 스스로를 괴롭히는 얄미운 암까지도 포함한 모든 것에 대한 애정이었습니다. 그리고 자신을 살려주고 있는 위대한 것에 대한 진심어린 감사의 마음이었습니다.

햇볕이 내리쬘 때 테라야마 씨는 우주무한력에서 오는 깊은 치유력을 느끼며 온몸을 내맡겼습니다. 호흡법을 실행할 때 그것을 체내 깊숙한 곳까지 밀어넣었습니다. 그 힘이 몸의 내부에 이미 존재하고 있는 자연치유력의 능력을 한껏 가동시키기 시작했고, 세포의 반란인 암이라는 병을 진정시켜 버린 것입니다. 무한한 힘에 의해서 눈을 뜬 자연치유력이 암을 극복한 것이 아니라 조용히 '설득'했다고도 할 수 있겠지요.

테라야마 씨는 또 우주무한력이 지닌 큰 섭리와 예지를 몸과 마음속 깊은 곳에서 깨닫고, 모든 것에 대해서 늘 감사하는 마음을 품게 되었습니다.

여기서 말하는 감사란, 어떤 수익에 대한 보답으로서의 감정이라는 사소한 것이 아니라 자신까지 포함하여 만물에 대한 '사랑'을 말하는 것입니다. 그야말로 햇빛이 모든 것을 똑같이 비춰주듯이, 테라야마 씨는 우주무한력이 자신을 포함한 모든 사물과 생명을 그 커다란 섭리 안에 놓고 움직이고 살리고 있다는 이치를 깨달았습니다. 그래서 모든 것이 사랑스럽게 느껴지고 또한 감사하지 않을 수 없는 큰마음을 얻었던 것입니다.

이 감사라는 '좋은 생각'에 무한력이 반응해 오지 않을 리가 없습니다. **인간이 감사의 마음을 품었을 때 무한력은 그에 대한 '보답'으로서 그 사람이 정말 감사함을 느끼지 않을 수 없는 상황을 제공해 줍니다.** 고맙다고 말하면 그에 걸맞은 일이 일어나는 것입니다.

그것은 얼핏 보기에 마음이나 말이 좋은 일을 끌어당긴 것처럼 보이지만, 사실은 무한력이 그 인과관계를 정확히 맺어 주고 있습니다. 테라야마 씨의 암이 치유되었던 것도 그가 감사와 사랑을 품음으로써 그 '좋은 생각'에 걸맞게 무한력이 이끌려왔다고 할 수 있습니다.

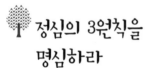
정심의 3원칙을 명심하라

이 감사의 마음을 품는 것은 '정심(正心)'의 3원칙 가운데 하나입니다. 여기서 정심조식법을 실행함에 있어 갖춰야 할 바른 마음의 자세에 대하여 복습해 보겠습니다.

① 모든 일을 긍정적·적극적으로 생각한다.

② 감사의 마음을 잊지 않는다.

③ 불평을 하지 않는다.

우주무한력의 효능을 생명과 일상의 삶에 활용하고 생각의 힘을 충분히 발휘함으로써 우리에게 내재하는 본연의 올바름을 그대로 발현시키기 위한 효율적인 마음의 자세, 그 가운데 특히 중요한 세 가지 포인트가 이것입니다.

① 모든 일을 긍정적 · 적극적으로 생각한다.

존재하는 모든 것은 잘 되도록 만들어져 있습니다. 성장은 모든 것의 본질인 것입니다. 그것이 우주의 근본적인 뜻이기 때문입니다. 일을 긍정적으로 파악하고 인생을 적극적으로 사는 것은 그 원리에 걸맞은 일이며, 인간에게 가장 자연스럽고 기분 좋은 일이기도 합니다.

그러므로 자신에게 주어진 조건이나 상황을 늘 긍정적 · 적극적으로 파악하여 뒤로 물러나기보다는 앞으로 한 발 나아가려는 생활방식을 갖도록 명심하십시오. 질병에 감사함으로써 병을 치유하고 지금의 실패는 다음의 성공의 발판이 되듯이, 비관적 상황에 있더라도 적극적인 자세와 '건설적이고 긍정적인 마음가짐'을 잊지 않는 것이 중요합니다.

긍정적이고 적극적인 생각이 사태를 호전시키는 것에 대해서는 내 책의 독자들이 다양한 경험담을 편지로 보내오고 있습니다. 예를 들어, 아들이 미국 여행 기념으로 사다 준 아끼던 볼펜을 잃어버렸다고 합니다. 샅샅이 찾아보아도 눈에 띄지 않았지만, 오랫동안 써왔고 정말 좋아하던 물건이었기에 좀처럼 체념할 수 없었습니다. 그때 내 책에서 읽었던 '일을 긍정적이며 적극적으로 파악한다'는 말이 퍼뜩 떠올랐습니다.

그래서 '이미 없어진 물건 때문에 두고두고 끙끙 앓아봐야 소용없어. 그보다는 주운 사람이 기쁘게 써주면 되는 거야.'라고 긍정적으로 생각하게 되었습니다. 그 순간 전혀 예상치 못했던 엉뚱한 곳에서 볼펜이 나왔다는 것입니다.

또한 92세가 된 고령의 여성은 교통사고를 당해 대퇴골이 골절되는 큰 부상을 입었습니다. 나이가 나이인지라 그대로 꼼짝 못하고 누워 지낼 수밖에 없을 것이라고 의사는 진단했습니다. 상식적으로 생각할 때 어떤 의사라도 그렇게 말하겠지요.

그런데 이 여성의 손자—그래도 쉰 살에 가깝지만—가 내 저서「자재력」을 가지고 문병을 왔습니다. 고령의 여성은 곧바로 그것을 읽고는 '의사에게 치료받을 것이 아니라 내가 스스로 나 자신을 낮게 하자.'라고 생각하였습니다. 그리고 좋아하는 집안일을 하고 있는 자신의 건강한 모습을 적극적으로 상상하면서 재활 훈련에도 힘썼다고 합니다.

그러자 증상이 점점 회복되어 반년 후에는 퇴원하게 되었습니다. 의사는 기적이라며 놀라워했고, 지인으로부터 '도깨비

할머니'라는 별로 달갑지 않은 별명까지 얻었다고 합니다.

소유물을 잃어버리더라도 그것을 주운 사람이 잘 사용해주면 된다, 자신의 몸이기 때문에 남에게 치료받을 것이 아니라 스스로 치료하자— 이러한 긍정적이고 적극적인 발상과 사고방식이 마이너스 상황을 플러스로 전환시켜 인생을 좋은 방향으로 이끌어간 것입니다.

늘 감사하는 마음으로 살면 감사해야 할 일이 생긴다

② 감사의 마음을 잊지 않는다.

앞의 예에서도 볼 수 있듯이, 감사의 마음은 심신에 건강을 가져다줄 뿐만 아니라 그 사람의 생활방식마저 바꿔버리는 큰 힘을 가지고 있습니다. 항상 고맙게 여기는 마음을 품고 사는 사람에게는 고맙다고 생각하지 않을 수 없는 일이 끊임없이 일어납니다. 감사의 파장을 지닌 사람에게는 거기에 동조하듯이 늘 감사하지 않을 수 없는 일이 잇달아 일어납니다.

그 결과 그의 인생은 언제나 어려움은 피해가고 소망은 이루어지게 되는 것입니다. 감사의 대상은 무엇이라도 좋습니다. 특별한 대상은 필요 없습니다. 그저 고맙다— 그것만으로 충분합니다. 감사의 마음이 모아질 수 있는 것이라면 특정한 대상을 설정해도 상관없습니다.

그저 고맙다, 모든 것이 감사의 대상이다— 이런 심경에 이르는 경우는 아마도 테라야마 씨처럼 큰 병을 경험했던 사람이 많은 듯합니다. 생명의 위기에 처하면 그저 살아 있다, 살아 있을 수 있다는 사실만으로도 눈물이 날 만큼 고마운 생각이 들 것입니다. 아침에 일어나면, 창문으로 햇살이 비치고 참새가 지저귀며 등교하는 아이들의 재잘거리는 소리가 들려온다— 그것만으로도 가슴 떨릴 정도로 감동을 불러일으키며 살아 있음에 대한 감사의 마음이 가슴속 깊은 곳으로부터 솟구칠 것입니다.

가능하면 그 감사의 마음을 늘 간직하고 살아가십시오. 여러 가지 고통이나 만족스럽지 못한 부분은 있겠지만, 하루하루 어쨌든 무사히 보내고 있다는 사실이 얼마나 고마운 일입니까? 잃어버리고 나서야 비로소 알게 되는 고마움을 일상 속에서 늘 생각하며 감사의 마음을 잊지 않도록 노력하는 것이 중요합니다.

앞서 말한 92세의 여성도 이제까지 정말 괴롭게 느껴지는 일은 한 번도 없고, 항상 감사하는 마음으로 하루하루를 보내고 있다고 합니다. 이러한 감사를 잊지 않는 마음이 긍정적·적극적인 마음가짐을 낳고 '기적'을 가능케 하는 것입니다.

③ 불평을 하지 않는다.

생각이나 마음은 유아등(誘蛾燈, 밤에 논이나 밭에 설치해 놓고 해충을 유인하여 물에 빠져 죽게 만든 등불)과도 같습니다. 유아등이 발하는 진동에 동조하고 공명한 생명체가 멀리에서부터 다가오듯이 우리가 **좋은 생각을 품으면 좋은 일이 찾아옵니다.** 반대로 마이너스 감정과 부정적인 생각을 가지면, 결국 싫은 생각을 하지 않을 수 없는 사태를 불러들이고 마는 것입니다.

그러니 불평을 늘어놓지 마십시오. 불평하고 싶어지면 10까지 수를 세어 보십시오. 대부분의 불평불만은 그것으로 억제할 수 있을 것입니다. 아무리 해도 억제되지 않을 것 같으면 일부러 밝고 큰 소리로 웃어넘기듯이 말해 봅니다. 큰 소리로 불평을 말해 보십시오. 불평으로 들리지 않을 정도로 어이없이 밝게 울릴 것입니다. 그러면 그것으로 잊어버리게 됩니다. 우물쭈물 뒷전에서 '투덜대기' 때문에 마음 속에 맺혀서 더욱 싫은 기분이 증폭되어 버리는 것입니다.

앞서 소개한 초상화가는 이렇게 말하고 있습니다.

나는 원래 성미가 급한 편인데, 정심조식법을 시작하고부터 분노의 감정이 생기지 않게 되었어요. 뭔가 불쾌한 일이 있더라도 그것을 입 밖으로 내기 전 스스로 자제할 수 있게 되었지요. 분노하기 쉬운 감정에서 남을 배려하는 감정으로 바뀐 느낌이에요. 전에는 아내와의 싸움도 잦았는데, 그것도 눈에 띄게 줄어들어서 아내로부터 최근 밝아졌다는 얘기를 들었어요.

그는 담담히 말하지만 억제하고 배려하는 마음, 그리고 밝은 기분이 느껴집니다. 완전히 사람이 바뀌었다고 해도 좋을 만큼 인간성이 좋은 방향으로 변화된 것입니다. 불평불만을 늘어놓지 않겠다는 마음가짐 하나만으로도 이러한 '인간 개조'가 가능하다니 놀랍지 않습니까?

🌳 지금 현재를 열심히 살아가는 것이 중요하다

물론 마음을 쓰는 방법은 이 세 가지 외에도 많습니다. 하지만 평소에 이러한 '정심'을 생활화하면, 삶의 방식에 하나의 중심축이 생겨서 이런저런 쓸데없는 일로 번민하거나 작은 일에 구애받는 마음이 사라집니다. 그래서 마음으로부터 중요하지 않은 일이나 허울이 벗겨져나가 자기 삶의 실상을 있는 그대로 긍정적으로 바라볼 수 있게 되고, 원래 모습대로 자연스럽게 살아갈 수가 있게 되는 것입니다.

이것은 현재의 순간을 매우 열심히 살겠다는 결심이 선 것이라고 말할 수도 있습니다. 성서에도 쓰여 있듯이, 하늘을 나는 새는 씨를 뿌리지 않고 수확하지도 않으며 저장해 두는 일도 없습니다. 과거에 얽매이지 않고 미래를 걱정하는 일도 없이 순간순간을 열심히, '오늘 하루의 노고는 오늘 하루를 살아

154

가는 것으로 충분하다.'라는 말처럼 '현재 이 순간'의 가치를 터득한 듯한 흔들림 없는 생활방식으로 살아갑니다.

정심의 마음가짐에 의해서 그러한 상태에 가까워질 수 있습니다. 허둥지둥 갈피를 못 잡는 마음이 사라지고 '지금 이곳'에 오롯이 몸과 마음을 모을 수 있습니다.

내가 사는 맨션에서는 드넓은 바다가 한눈에 내려다보이는데, 바다라는 것은 계절에 따라 시간에 따라 실로 다양한 얼굴을 보여줍니다. 바다 전체가 성난 듯 큰 파도가 굽이치기도 하고, 흐느끼듯이 하얗게 물보라를 일으키기도 합니다. 때로는 오글쪼글한 비단처럼 잔물결이 일며 웃고 떠듭니다. 거울같이 미동도 하지 않고 가만히 있을 때는 바다가 잠자고 있는 것처럼 보이기도 합니다. 적조(赤潮)는 바다가 상처를 입어 피를 흘리고 있는 듯합니다.

한없이 바라보고 있어도 싫증나지 않는 경우가 많지만, 이따금 그 바다의 다양한 변화에도 마음을 일일이 빼앗기지 않고 모든 생각을 내려놓은 채 그저 '바다를 보고 있다'는 행위에만 무심하게 매달리는 일이 있습니다. 그때의 나에게는 '현재 이 순간'만 존재할 뿐입니다. 과거로부터도 미래로부터도 단절된 채 시간의 경과마저 느끼지 못합니다. 눈앞의 풍경과 눈앞에 일어나는 모든 일을 있는 그대로 받아들여 어떤 것에 집착하는 마음이나 잡념이 깨끗이 사라집니다. 그것을 '없애려는' 생각조차 들지 않습니다.

현재 이 순간에 몰두하여 다른 생각은 전혀 끼어들지 않는 것입니다. 그러면서도 고립되었다는 느낌은 없습니다. 오히려 바다라는 자연을 응시하면서 바다 쪽으로부터 이쪽을 모조리 꿰뚫어보고 있는 듯한 어떤 위대한 것과의―우주의 이치와의―일체감을 느낄 수 있습니다. 그것은 몸속에 평온함을 확대시켜 마음이 깊은 우물물처럼 아주 조용해지면서 깨끗해지게 만듭니다.

말하자면, 정심을 지키기 위해 노력함으로써 이렇게 고요하고 평온한 마음으로 하루하루를 보내고 오늘 하루를 열심히 살겠다는 각오가 당신 안에 형성되는 것입니다.

이 3차원세계에서는 현재란 과거 다음에 오고 미래의 앞에 오는 시간이지만, 보다 높은 차원의 세계에서는 그렇게 한 줄로 이어지는 듯한 시간의 흐름은 존재하지 않습니다. 오직 '지금'밖에 없습니다. 그 지금이라는 한 점에 과거 · 현재 · 미래의 모든 것이 포함되어 있는 것입니다. 따라서 **지금은 순간이면서 동시에 영원이기도 합니다.**

그러므로 그 지금, 지금, 지금을 손가락으로 하나하나 눌러가듯이 열심히 그리고 신중하게 살아가는 것이 중요합니다. **지금이 쌓여 하루가 되고, 그 하루가 쌓여 1년, 일생이 되어가는 것입니다.** 정심의 마음가짐을 통해 지금 이 순간을 열심히 삶으로써 내일을 염려하지 않고, 있는 그대로 삶으로써 다른 것에 현혹되지 않는 힘찬 마음을 길러보시기 바랍니다.

고통스러운 병도
자신을 성장시키는 좋은 기회

사람은 결국 매일매일 어떤 마음가짐으로 어떻게 살아가는 가에 따라 생활방식을 바꾸고 인생의 풍경을 바꾸어 성장에 이를 수 있는 것입니다. 무슨 일이든지 생각하는 방식이나 마음의 각도 여하에 따라 어떻게든 받아들일 수 있다고 생각합니다.

예를 들면, 어떤 사람에게 병은 힘들고 고통스러운 것이며 때로는 이 세상과의 이별을 의미합니다. 또 어떤 사람에게는 자신의 생활방식을 다시 들여다보고 자기를 성장시킬 좋은 기회가 되기도 합니다.

암에 걸림으로써 살아 있음에 대한 감사의 마음이 생기고 살아가는 의미를 성찰하며 다양한 사람들과 만나게 되었고, 핀드혼에서의 성(聖)스러운 것과 연결될 수도 있었다······.

앞서 말한 테라야마 씨도 이렇듯 분명하게 병에는 커다란 의의가 있다고 술회하고 있습니다. 사람은 생사의 갈림길을 헤매면 성인에 가까워진다고 말하는데, 병에 걸림으로써 모든 일의 본질과 자신에게 정말로 중요하고 소중한 것이 무엇인가를 깨닫는 계기가 되기도 합니다.

자신에게 있어 삶의 의미와 가치가 어디에 있는가를 생각하고 깨달을 기회이며, 올바른 방향을 찾아 다시 살아갈 절호의 기회입니다. 병이란, 살아가는 의미와 가치를 가르쳐주는 매우 좋은 교사라고 할 수 있습니다. 큰 병을 계기로 그때까지 중요하게 생각했던 세속적 성공·지위·재산과 같은 것이 갑자기 의미 없게 느껴지거나, 가족의 고마움이 비로소 이해되며 그 유대관계가 강해진다면 병은 오히려 좋은 기회가 될 수 있을 것입니다.

이렇듯 생각하기에 따라서 얼마든지 병을 긍정적으로 파악할 수 있습니다. 물론 이것은 어떤 사고방식으로 바라보느냐의 문제이지만, 그 사고방식이나 마음가짐 하나로 생활방식을 바꾸고 인생의 풍경을 바꿀 수도 있습니다. 그 결과 병이 나아버린 경우도 있습니다.

먼바다에서 생긴 파도가 해안으로 밀려와 바위에 부딪히며 부서집니다. 그 파도는 그렇게 소멸해 버린 것일까요? 그렇지 않습니다. 다시 바다로 돌아가는 것이지요. **파도와 바다는 별개의 것이 아닙니다. 병과 건강, 삶과 죽음도 이 관계와 비슷합니다. 그들은 같은 것으로 단지 표현방식이 다를 뿐입니다.**

어쨌든 극적인 하루나 사건이 당신을 바꾸는 것은 아닙니다. 현재를 열심히 살아가는 변함없는 '정심의 나날'이 되풀이됨으로써 당신은 성장하게 되고, 그 어떤 것에도 흔들리거나 얽매이지 않는 마음이 만들어질 것입니다.

탁상공론은 그만두고
현실을 응시하라

정심의 뜻에 따라서 하루를 소중히 여기십시오. 이 마음이 엷어지면, 인간은 점점 현실과 동떨어져 관념적인 사상에 몰두하는 등 자신의 본분과 본연의 모습을 잃어버리게 됩니다. 비일상적인 엄격한 수행이나 종교적 계율에 스스로 도취되어 자신을 규제하는 일상적 규범을 잊어버리기도 합니다. 말하자면, 사상에 취해 생활을 소홀히 하는 것입니다. 많은 종교가 이러한 잘못을 저지르기 쉬운 것 또한 사실입니다.

내가 잘 아는 한 종교가도 똑같은 함정에 빠진 일이 있습니다. 그는 종교가로서 상당히 뛰어난 자질과 사상적 깊이를 지닌 사람으로, 나도 큰 경외심을 품고 있었습니다. 그런데 그 사상을 너무 외곬으로 파고든 나머지 점점 현실로부터 동떨어져 관념의 세계에서 자가 중독을 일으키게 되고 말았습니다.

간단히 말하면, 그는 만물의 본질은 '무(無)'라고 했습니다. 불교적 사고가 자연스럽게 몸에 배어 있는 일본인에게는 마음에 와 닿는 사상이기에 그것만 보면 순순히 수긍할 수 있습니다. 중국의 노장사상 등도 이 무(無)와 공(空)을 그 본질로 삼고 있습니다.

다만, 그는 그 무(無)를 '아무것도 없다'고 해석하여 그것을 계속해서 응축시키고 동시에 극단적으로 몰고 갔습니다. 그 결과 "인간은 무(無)다. 따라서 육체도 없고 또한 그 육체를 해치는 병이라는 것도 있을 수 없다. 따라서 병에 걸리더라도 그 것은 '있는 것처럼 보이는 착각'이기 때문에 의사도 치료도 필요 없다."는 생각에까지 이르게 되었습니다.

그러나 아무리 관념을 높은 곳까지 승화시키더라도 현재 있는 것은 있습니다. 현실적으로도 병은 사람의 육체를 약화시키고 고통을 주며 죽음에까지 이르게 하기도 합니다. 그 현실을 외면한 채 아무리 무(無)를 부르짖더라도 그것은 사실을 부정하며 현실을 무시하고 있는 데 불과합니다. 발 밑을 보지 않고 하늘의 높은 곳만을 바라보고 있는 '도취'에 지나지 않는 것입니다.

나는 마음속으로 그것은 '관념의 유희'가 아닐까? 하고 생각했습니다. 나는 의사로서 매일 병마와 싸우며 고통스러워하는 환자, 또는 환자를 괴롭히는 병과 상대하고 있습니다. 아무리 아니라고 부정하려 해도 그것은 차례차례 내 눈앞에 나타납니다. 그것은 틀림없이 '유(有)'이지 '무(無)'일 리가 없습니다.

나는 그 종교가의 사상의 깊이는 충분히 인정합니다. 그의 이념은 훌륭하지만, 사상(마음)만을 중시하고 생활(몸)은 경시 또는 무시하고 있는 것에는 동의할 수 없습니다. 그는 생활에서 동떨어진 사상을 지향하고 그것을 무엇보다 훌륭한 것으로 생각했습니다. 그러나 내 생각은 '생활을 떠나서 사상은 없다'는 것입니다. 몸과 마음은 하나로서 서로 분리하여 생각할 수 없듯이, 생활을 무시한 사상은 엉터리라고 생각했기 때문에 그 사람처럼 무에 이끌리더라도 거기에 도취하는 일은 없었던 것 같습니다.

무의 사상 자체는 깊이가 있고, 특히 일본인에게는 매력적으로 들리기 때문에 그의 종교는 많은 신자들을 끌어 모았습니다. 그도 아흔 살 정도까지 오래 살았지만 그의 말과는 달리 병으로 죽었습니다. 나는 지금도 그를 훌륭한 사람이었다고 생각하지만, 한편으로는 지나치게 관념론에 치우쳐 그 사상이 현실과 동떨어져 버린 것은 아쉬운 일이었다는 생각도 듭니다.

그렇다면 무(無)란 무엇일까요?

무라는 것은 아무것도 없는 텅 빈 '허(虛)'를 뜻하는 것이 아닙니다. 반대로, 모든 것을 포함하는 구심점이 되는 한 점이라 할 수 있으며, 모든 존재를 포함하는 '실(實)'입니다. 「반야심경」에도 쓰여있듯이 색즉시공(色卽是空)임과 동시에 공즉시색(空卽是色)이기도 합니다. 일의 본질은 공(空)이며, 또 공이야말로 실존입니다. 따라서 그 공(空) 속에는 긍정과 부정, 유와 무 등 양극단의 것이 통일된 형태로 동시에 존재하고 있습니다.

이 이상 말하면 그것이야말로 관념의 유희에 빠지는 것이므로 이쯤에서 그만두겠지만, 요컨대 무에 구애되는 것 또한 자재성을 잃는 일이라고 할 수 있습니다. 우리는 이 무에조차도 구애되지 않는 자유자재의 생활방식을 지향할 필요가 있습니다. 그것은 두말할 필요도 없이 우주무한력의 힘과 정심조식법의 실천에 의해서 가능해질 것입니다.

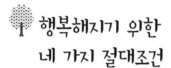

행복해지기 위한 네 가지 절대조건

정심의 자세는 행복에 이르는 외길이라고 말할 수 있습니다. 그럼 행복이란 무엇일까요? 그 의미는 실로 다양합니다. 100명에게 물으면 100가지의 행복이 있습니다. 대부분의 사람들은 멀리에서 그것을 찾고, 극소수의 사람만이 주변에서 그것을 발견합니다. 그것이 행복이라고도 말할 수 있겠지요. 나의 경우는 다음의 네 가지를 행복의 절대조건이라고 생각합니다.

① 건강 · 장수

행복은 무엇보다도 건강 안에 있습니다. 건강 없이 행복을 얻을 수는 없습니다. 다만, 건강하더라도 단명하면 불행에 가깝습니다. 또한 장수하더라도 남의 손을 빌리지 않고 혼자 생활할 수 없다면 행복으로부터 멀어지고 맙니다. 건강과 장수, 이 둘을 함께 갖추었을 때 비로소 행복에 이를 수 있는 것입니다. 그 본보기로는 두말할 필요도 없이 누구보다도 내가 가장 적당한 사람일 것입니다.

② 풍요로운 생활

행복하기 위해서는 두 가지 길이 있는데, 소유물을 늘리든가 욕망을 줄이든가 둘 중 하나라고 생각하는 사람이 있습니다. 정심조식법을 실천하면 이 둘의 균형이 잘 이루어지게 됩니다. 정말로 자기에게 꼭 필요한 것 외에는 바라지 않게 되고, 필요한 것이라면 반드시 얻게 되기 때문입니다. 정심조식법은 소망을 실현하는 방법임과 동시에 욕망을 조절하는 방법이기도 합니다.

따라서 경제적인 측면에서(또한 정신적 측면에서도) 부자유를 느끼는 일이 없어지고, '더, 좀더' 하며 욕망을 끝없이 충족시켜 가는 데서 오는 풍요로움이 아니라 자신의 분수에 맞게 만족할 줄 아는 풍요로움과 행복을 얻을 수 있는 것입니다.

③ 일과 인생에서의 성공

성공이라고 하면 일반적으로는 사회적 성공을 가리키는데, 그것만이 성공을 의미하는 것은 아닙니다. 가정을 이루어 사고나 질병 없이 무탈하게 유지해 나가는 것도 훌륭한 성공입니다. 그 가정의 주부에게도 빛나는 성공이라는 것은 있습니다. 자신에게 주어진 역할과 사명을 완수하는 것 자체가 곧 성공이라는 것이 나의 생각입니다.

나는 의사라는 직업을 하늘에서 내려준 사명이라 생각하고, 그 일을 수행하는 데 힘을 쏟아 왔습니다. 일본 제일의 큰 병원을 만들어 그 원장이 되겠다— 그런 하찮은 욕망의 달성을 목표로 삼았던 것이 아닙니다. 오로지 병을 치료하여 환자를 건강하게 만드는 일만이 내 역할이라고 생각하며 그 일에 전념해 왔습니다. 그 점에서 나는 성공한 사람이라고 자부하고 있습니다.

현재는 이것을 실행하면 모두 건강하게 천수(天壽)를 누릴 수 있는 정심조식법을 고안하여 그것을 세계에 퍼뜨리기 위해서 온 힘을 다하고 있습니다. 그것이 현재의 내 '천명(天命)'이며, 그 일이 달성되었을 때야말로 나는 '정말로 성공한 사람'이 되는 것이라고 생각합니다.

무엇이라도 좋습니다. 일의 크고 작음은 전혀 관계없습니다. 목표를 세운 다음, 그것을 구체적으로 실행하며 일을 성취시킴으로써 목적을 달성할 수 있습니다. 그 '생각을 이루어 나가는' 과정 자체에 당신의 성공이 있는 것입니다.

④ 안심입명(安心立命, 안정된 마음)

건강, 경제, 성공. 이 세속적인 조건에 하나 더 덧붙이자면, 자신의 천명을 알고 마음의 평안을 얻어 쓸데없는 일에 마음이 동요되지 않는 것— 이러한 정신적 안녕 또한 행복에 있어 빠뜨릴 수 없는 조건입니다. 한눈팔지 않고 자신에게 주어진 사명과 역할을 다해 나가면, 두려움이 사라지고 불안에서 해방되어 매우 맑은 심경이 될 것입니다. 이것이 안심입명의 경지입니다. 또한 자신의 수명을 알고 죽음을 두려워하지 않는 침착한 마음을 갖는 것도 안심입명입니다.

즉 하늘의 뜻, 천명에 따라 꾸밈없이 자연스럽게 살아가는 것입니다. 내가 쓰는 용어로 말하자면, 우주무한력에 맡겨 일말의 불안도 느끼지 않는 상태— 그 안심입명의 심경이 당신에게 깊은 행복감을 가져다줄 것입니다.

🌳 자신의 천명(天命)을 알고 눈앞의 길을 가라

자신의 사명을 알고 그것을 이루기 위해 열심히 살다 보면, 저절로 안심입명의 경지로 이끌려 절대적인 행복을 얻게 됩니다.

이렇게 말하면, 자신에게 사명 따위는 발견할 수 없으며, 하물며 천명 같은 게 주어졌을 리 없다고 생각하는 사람도 많을 것입니다. 하지만 하늘은 누구에게나 똑같이 명령을 내립니다. **모든 사람은 각자 이루어야 할 역할, 걸어야 할 길을 부여받고 이 세상에 태어납니다.** 그러나 천명이란, 한편으로 '무의식의 길'이기 때문에 이것이 나의 천명이라고 분명히 자각할 수 있는 것은 아닙니다. 이제부터 천명을 추구하겠다고 해서 의도적으로 만들어지는 것도 아닙니다.

그것이 천명이라고는 전혀 생각지 못한 채 한 가지 일에 몇 십 년이나 몰두하다가 어느 순간 '아, 이게 나의 천명이었구나.' 하고 깨닫습니다. 그렇게 '되돌아볼 수 있는 길'이야말로 천명입니다. 또는 오랫동안 반복해 왔던 일이 저절로 천명으로 바뀌어 가기도 합니다.

그러므로 천명이란 무엇인가 하는 식으로 너무 위압적으로 진지하게 생각하지는 말고, 배가 고프면 밥을 먹듯이 우선은 자신이 좋아하는 일, 자신이 가장 즐겁게 할 수 있는 일, 자연스럽게 되는 일을 그때의 자기 입장이나 능력에 맞추어 무리 없이 해나가면 됩니다. 하늘은 결코 우리에게 무리한 일을 강요하지 않습니다. 자연스럽게 선택하고 실천할 수 있는 길이야말로 오래 지속하기 쉽고 향상되기도 쉽습니다. 따라서 그것이 당신의 천명이 되는 것입니다.

나는 개업의사 시절, 너무 바쁜 나머지 건강을 해쳐 당시 불치병이었던 결핵에 걸린 일이 있습니다. 그런데 그것을 치료받지도, 안정을 취하지도 않은 채 전보다 더 바쁘게 일함으로써 병이 나아 버렸습니다. 사람을 치료하는 일은 나의 천직이다, 그런 나를 하늘이 소홀히 대할 리 없다— 그런 확고한 신념이 있었기 때문에 그 생각의 힘으로 내 병도 치료될 수 있었다고 봅니다.

이렇게 곤란한 상황과 맞닥뜨리더라도 그럼에도 불구하고 계속 해야겠다고 생각하는 것, 하지 않으면 안 된다고 생각하는 것, 그만두고 싶다고 생각지 않는 것, 그것 또한 당신의 천명입니다.

그것이 하늘이 준 운명이요 하늘이 이끌어주는 힘인 이상, 이유와 동기가 어떻든지 혹은 어떤 장애와 난관이 있더라도 우리는 그곳을 떠나 벗어나는 일은 없습니다. 자각하든 자각하지 못하든 자연스럽게 그 길을 선택하여, 무슨 일이 있어도 '그것을 하고 싶다' '그것을 해야 한다'고 망설임 없이 생각하고 또한 무심코 실행하게 됩니다. 왜냐하면 그것이 당신의 천명이기 때문입니다.

바꾸어 말하면—생각하기에 따라서는 두려운 일이지만—우리는 하늘의 뜻에 따를 수밖에 없는 동물입니다. 하늘이 부여한 능력 이외의 것은 우리가 아무리 애써도 가능하지 않다는 의미이기도 합니다.

모든 일이 뜻대로 된다 해도, 가령 하늘을 날거나 바다 위를 걷는다는 것은 인간에게 불가능한 일입니다. 그러한 능력이 원래 주어지지 않았기 때문입니다. 바다 위를 걷거나 하늘을 나는 것이 보통 사람에게는 필요한 일이 아니라는 게 하늘, 그리고 우주의 뜻입니다. 하지만 그것이 필요하다고 생각되면, 혹은 필요하다고 생각한 사람에게는 그 능력을 내려줄 것입니다(그리스도 등은 그러한 능력을 하늘로부터 부여받아 사람들을 구제하기

3장 • 인생의 행복은 마음가짐에 달려 있다

위해서 이 세상에 나타난 인간이라고 할 수 있습니다).

인간에게 주어진 능력은 그 범위가 실로 방대하며, 그 대부분은 잠들어 있습니다. 하지만 그 범위에는 당연히 한계가 있어서 하늘을 날거나 바다를 걷는 등의 능력은 범위 밖의 일입니다. 그 대신 비행기를 발명하고 배를 만드는 능력은 충분히 주어져 있는 것입니다.

바꿔 말하면, **인간에게는 하늘의 뜻에 의해서 필요한 것은 전부 주어져 있지만 불필요한 것은 무엇 하나 주어져 있지 않습니다.** 그러므로 더욱 평온한 마음으로 '무의식의 길'을 걸으며 자신이 하고 싶은 일, 해야 할 일을 실천해 나가면 됩니다. 필요한 일은 전부 할 수 있는 능력이 주어져 있고, 할 수 없는 일은 원래 불필요한 일이라는 뜻이기 때문입니다.

🌳 죽음이란 무엇인가, 그것도 인생의 공부다

내가 그 하늘의 뜻, 요컨대 우주무한력의 은혜로 안심입명의 경지에 가까워지고 있다 해서 지금까지 난관과 실의를 겪지 않았던 것은 물론 아닙니다. 나도 여러분과 마찬가지로 많은 슬픔과 고통을 경험했습니다.

예를 들면, 이 나이에 이르기까지 가족의 죽음도 많이 겪었습니다. 부모는 물론이고 둘째아들을 아직 젖먹이였던 한 살 때 잃었습니다. 또 셋째아들은 한창 일할 나이에 아내와 두 아이를 남긴 채 이 세상을 떠났고, 2년 전에는 의좋았던 동생이 아흔 살에 죽었습니다.

특히 아랫사람이 먼저 죽는 일은 한층 쓰라린 것이어서 아버지가 아들의, 형이 동생의 제사를 지낼 수밖에 없는 비통함과 상실감은 말로써 다 표현하기 어려울 정도입니다. 젖먹이를 잃은 엄마, 남편을 잃고 남은 아내와 아이들의 슬픔을 생각하면 나도 눈물을 흘리지 않을 수 없었습니다.

그러나 그러한 감정과는 별개로, 나는 사람의 죽음을 삶의 종착 혹은 단절이라거나 몸과 마음의 완전한 소멸이라고는 생각하지 않습니다. **죽음이란 이 세상에서의 역할을 마치고 새로운 역할을 부여받아서 다음 세계에 다시 태어나는 전환점에 불과하다고** 생각합니다.

따라서 죽음은 이 세상에서 저세상으로의 이행이며, '저쪽'에서는 또 새로운 생활과 새로운 사명이 인간을 기다리고 있는 것입니다. 현세를 졸업하고 내세—저세상, 영계(靈界) 등 호칭은 무엇이라도 좋습니다—에 다시 태어나는 전환점을 우리는 죽음이라고 부르고 있을 뿐입니다.

죽은 사람이란 저세상으로 적(籍)을 옮긴 사람입니다. 사는 장소는 바뀌어도 살아 있는 것에는 변함이 없습니다. 나는 유물론자와 달리 이러한 영혼의 불멸을 지극히 일반적으로 믿

고 있습니다. 아니 믿고 있는 것이 아니라, 하나 더하기 하나
가 둘인 것처럼 내게 있어 영혼의 재탄생은 명백한 진실입니
다. 이것은 감상주의도, 슬픔을 치유하기 위해 생각해낸 이론
도 아닙니다. 영혼의 불멸은 우주의 진리입니다.

그러므로 한 살에 죽은 아기는 1년이라는 기간이 하늘로부
터 그의 현세에 주어진 수명이었다고 할 수 있습니다. 그것은
물리적인 개념으로 보면 정말 짧은 시간이지만, 존재한 시간
의 길고 짧음은 아무 관계가 없습니다. 어떤 생명이나 그 가치
는 똑같으며, 그는 이 세상에서의 역할을 충분히 다하고 저세
상으로 향했다고 생각되기 때문입니다. 영혼의 차원에서 보
면 생명의 길이는 영원하기 때문에 현세에 몇 년 머물렀는가
하는 것은 거의 의미가 없는 것입니다.

둘째아들은 일찍 죽음으로써—혹은 저세상으로 갔기 때문
에—우리 부부에게 이러한 영혼의 존재와 영계의 구조에 대
해 가르쳐주었으며, 현세를 어떻게 살고 어떻게 하면 보람된
인생을 보낼 수 있는가 등에 대하여 부모를 '교육'시켜 주었습
니다. 그것이 그의 역할이자 그 죽음의 의미였던 것입니다.

영혼의 세계는—육체의 속박이나 제한으로부터 자유롭기
때문에—모든 것이 매우 조화롭고 긍정적이며 안정적인, 실
로 멋진 장소입니다. 하늘이 허락해 준다면 나도 빨리 가고 싶
을 정도입니다. 그렇지만 아들이 요절한 것도, 아비인 내가 이
세상에 오래 살고 있는 것도 다 하늘의 뜻이며 우주의 뜻입니

다. 그것을 거스른다는 것은 우리로서는 불가능한 일입니다.

따라서 모두가 각자의 역할을 가지고 태어나고, 역할을 가지고 죽어갑니다. 이 세상에서 요절했다는 것은 저세상에서의 장수가 확보되어 있다고 생각해도 좋고, 저세상에서 보다 행복한 생활이 보장되고 보다 차원 높은 사명을 이루도록 역할을 부여받았다고 생각해도 좋습니다. 미숙한 채로 죽은 인간은 저세상에서 보다 향상되도록 운명 지어졌다고 생각해도 좋은 것입니다.

현세에서의 죽음은 내세에서의 재탄생입니다. 이 사실을 알기 때문에 나는 너무도 빨리 찾아온 아이의 죽음도 슬프기는 했지만 충분히 납득할 수 있었고, 앞으로 찾아올 내 자신의 죽음도 전혀 두렵게 생각되지 않습니다.

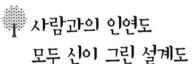

사람과의 인연도
모두 신이 그린 설계도

인간의 생명은 영원합니다. 육체가 있는 동안만이 우리의 삶은 아닙니다. 오히려 육체가 없어지고 나서부터 영혼 수준에서의 생명이 시작됩니다. 그러한 인간 생명의 영원성을 나는 온전히 믿을 수 있습니다.

아이의 죽음도 그렇지만, 나는 젊어서부터 영혼을 연구하며 영계와 커뮤니케이션도 종종 할 정도로 저세상과 자주 접촉하고 교류해 왔습니다. 그래서 생명의 영원성과 영혼의 불멸을 순수하게 이해할 수 있습니다. 이 점에 대해서는 나중에 다시 말할 기회가 있을지도 모르겠습니다.

영계와의 접촉은 우주의 큰 섭리에 접촉하는 것이기도 합니다. 생명의 탄생, 진화, 소멸, 그리고 영원. 모든 것은 우주무한력의 원리 아래 있습니다. **만물은 신의 손에 의해 설계되고, 그 뜻 아래서 질서를 유지하고 있는 것입니다.**

물론 신은 인간에게 자유의사라는 것도 주었기 때문에 우리는 자신의 의사와 욕망에 따라 자유행동을 취할 수 있습니다. 하지만 그 결과 일어나는 일도 사실은 전부 그 큰 섭리의 설계도 안에 미리 그려져 있는 것입니다. 모든 생명은 대우주라는 큰 흐름 속에서 각자의 역할을 지니고 질서정연하게 살아가고 있습니다.

우주의 뜻이 최종적으로 지향하는 것은 '만물의 큰 조화'이며, 인간도 그것을 향해 성장해 가도록 만들어져 있습니다. 그리고 그 조화의 모습은 영계의 구조에 이미 반영되어 있다는 얘기입니다.

따라서, 가령 낯선 사람과 길모퉁이에서 부딪혀 그것을 계기로 이야기를 나누었다면 우연한 일로만 치부할 수는 없습니다. '옷깃만 스쳐도 전생의 인연'이라는 속담처럼 전세에서부터 이어진 '인연'에 의해 길모퉁이에서 부딪히거나 옷깃을 스치도록 결정되어 있었던 것입니다.

결국 우리가 만나는 사람은 모두 만나도록 정해져 있기 때문에 만나는 것입니다. 반대로, 인연이 없는 사람과는 아무리 만나려고 노력해도 어떤 사정으로 끝내 만나지 못하게 됩니다. 이 또한 만나지 않도록 정해져 있기에 만날 수 없는 것이지요.

산꼭대기는 따로따로 솟아 있어 각각의 산처럼 보이지만 그 몸통은 산맥이라는 형태로 이어져 있습니다. 이와 마찬가지로, 여기저기 흩어져 연관 없는 것처럼 존재하는 사물도 모두 신이 그린 설계도대로 배치되어 있습니다. 인연이나 관계라는 말로도 표현되는 **모든 우연은 필연이라는 모체를 가지고 있는 것입니다.**

따라서 우리는 사람과의 만남이나 접촉을 중요하고도 소중하게 다룰 필요가 있습니다. 그러한 인연을 통해서 하늘의 뜻, 신의 뜻에 접촉하는 것이기도 하기 때문입니다.

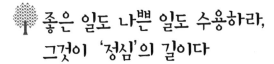

좋은 일도 나쁜 일도 수용하라, 그것이 '정심'의 길이다

신은 모든 설계도를 그리고 있습니다. 달리 말하자면 '삼라만상, 모든 일은 일어나야 하기 때문에 일어난다. 이 세상에 일어나는 일에는 모두 의미가 있고, 모든 것은 필요하며 필연적인 것이다.'라고도 할 수 있습니다.

이 세상에 존재하는 것, 일어나는 일은 모두 의미가 있고 가치가 있으며 이유가 있기 때문에 존재하고 일어납니다. 그것이 필요하고 중대한 것이기 때문에 '존재하는' 것입니다. 필요 없는 것, 무의미한 것, 무익하다고 할 만한 것들은 이 지상에 하나도 없습니다. 나는 그 사실을 우주무한력의 존재에 대하여 알면서부터 한층 깊이 확신하게 되었습니다.

왜 나만 이런 중병에 걸린 것일까? 왜 부모보다 먼저 아이가 죽어버린 것일까? 어째서 이렇게 힘든 일, 괴로운 일, 나쁜 일, 재앙이나 곤란한 상황이 덮치는 것일까? 그렇게 생각되는 일에도 사실은 신의 배려가 작용하고 있으며, 거기에는 어떤 이유나 필연성이 존재하고 일어나야 할 일이기에 일어난 것입니다. 우리 인간의 눈에 어떻게 보이고 어떻게 느껴지든 간에 그것은 필요하기 때문에 일어납니다.

쉽게 말하자면, **현세의 우리는 신이 그린 무한히 큰 그림에서 기껏해야 아주 작은 점 하나에 불과할 뿐**입니다. 거대한 숲 속의 잎사귀 하나에 지나지 않는 것입니다. 잎사귀 하나로 숲의 크기를 알 수 없듯이, 지금 여기에서 일어나고 있는 일의 진짜 의미나 가치를 안다는 것은 상당히 어려운 일입니다.

그래도 우주의 스케일로 보면 만물은 모두 연결되어 있으며, 우리 인간을 포함한 삼라만상은 방대한 인과율의 끝없는

순환 속에 존재하고 있습니다. 따라서 지금 일어나고 있는 악
(惡)은 나중의 선(善)의 실현을 위한 필요조건인지도 모릅니다.
오늘의 고통은 내일의 즐거움을 전제로 겪어야 하는 것인지
도 모릅니다. 현재의 부진은 다음의 발전을 위해서이며, 어떠
한 위기라도 새로운 기회의 싹을 내포하고 있습니다. **불행은
행복의 시작이며, 지금은 과거의 결과인 동시에 미래의 원인
이기도 합니다.**

이렇게 모든 것이 원인이고 결과이며, 다시 다음의 원인으
로 바뀌어갑니다. 큰 틀에서 보면 그 과정 자체가 큰 조화를
향한 무한한 성장을 의미합니다. 바꿔 말하면 행복과 불행, 병
과 건강, 삶과 죽음, 이러한 것에 본질적인 구별은 없다는 뜻
이기도 합니다. 그것들은 별개의 것이 아닙니다. **각각 다른 잎
이나 가지의 근원을 더듬어가 보면 모두 하나의 줄기, 하나의
뿌리, 한 알의 씨앗으로 돌아가는 것입니다.**

어쨌든 만물은 우주가 설계한 인과율에 편입되어 있어서 모
든 것은 일어나야 하기 때문에 일어나고, 필요하기 때문에 일
어납니다. 삶이 필연적이라면 죽음도 필연입니다. 그것들이
지향하는 것은 질서와 조화이며, 인간은 그곳을 향해서 성장
하도록 만들어져 있습니다. 이 우주 창조의 뜻을 알면, 눈앞의
사건에 일희일비하는 일 없이 침착하고 평온한 마음으로 하
루하루를 보낼 수 있게 됩니다.

선이든 악이든, 기쁨이든 괴로움이든 신변에 일어나는 모든

일에 대하여 공연히 슬퍼하거나 탄식하지 말고 일일이 휘둘리지 않도록 하십시오. 오히려 그 의미를 생각하며 거기에서 가치를 발견하기 위해 노력해야 합니다. 탄식하기보다는 배우는 일이 더 중요합니다.

좋은 일도 나쁜 일도 모두 자신에게 필요하기 때문에 일어나고 있다— 그렇게 생각하고, 현재 이 순간을 열심히 사는 데 힘쓰다 보면 눈앞에 저절로 '정심'의 길이 열리게 될 것입니다. 그 결과 우리는 우주의 이치에 따라 성장을 지속하여 아무것에도 구애되지 않은 평화롭고 자유로운 인생을 실현할 수 있을 것입니다. 그리고 어느 날, 평온한 생각과 마음을 지니고 다음의 새로운 역할을 수행할 저세상으로 적(籍)을 옮기게 될 것입니다.

4

불가사의한 세계가
가르쳐준 것

생각하는 힘, 바라는 힘이 자신과 세계를 바꾼다

미국의 나바호 인디언은 나무를 '서 있는 사람'이라 부른다고 합니다. 나무는 인간에게 산소를 공급하고 이산화탄소를 흡수해 주는 중요한 존재로서, 식물도 동물도 심지어 광물조차도 생명을 지니고 공존과 조화 속에 살아가는 평등한 생물체라고 믿는다는 것입니다.

사람과 풀·나무 사이에 우열이란 존재하지 않으며, 무한히 큰 우주적 관점에서 보면 인간 역시도 그 안의 지극히 작은 하나의 점에 불과할 뿐입니다. 그런데 그 사실을 잊어버린 인간에 의해서 지구의 자연은 완전히 파괴되고 오염되어 버렸습니다. 그러나 절망은 어리석은 자의 결론입니다. 아직 희망은 충분히 남아 있습니다. 분별 있는 사람들의 '생각' 속에 희망은 있는 것입니다.

이 책의 앞부분에서 그 환경오염을 상징하듯이 일본을 대표하는 호수 비와호의 수질이 해마다 악화되어 악취를 풍기는 수초가 번성했고, 인근 주민들의 고통과 민원이 끊이지 않았던 예를 소개했습니다. 그리고 우리가 행한 대단언(大斷言)과 상념의 힘에 의해서 그 수초의 발생이 억제되고 악취가 사라졌으며, 호수의 수질이 개선되었다는 불가사의한 현상에 대해서도 얘기했습니다. 우리의 '생각'은 풀이나 물에게도 전해져 그 '생각'대로 모양이나 성질을 바꾸어나가는 것입니다.

강한 상념은 사물의 생성이나 소멸에도 영향을 미칩니다. 따라서 **좋은 상념은 자연히 그 대상을 치유하고 좋은 방향으로 바꾸어나갑니다.** 사람의 의식이 사물을 만들어내고 또한 소멸시킵니다. 삼라만상, 모든 것은 생각으로 만들어지는 것입니다. 그렇다면, 사람이 만들어낸 문명의 악영향을 사람의 생각에 의해 좋은 방향으로 수정하는 것도 그리 어려운 일은 아닐 것입니다. 비와호의 예는 그 하나의 작지만 발전적인 증명이라고 할 수 있겠지요.

전에 부부 동반으로 아프리카 여행을 간 일이 있습니다. 탄자니아 대초원을 차로 달리고 있을 때 앞쪽에 갑자기 호수가 나타났습니다. 주위가 나무들로 둘러싸이고 수면에는 섬도 떠 있는 드넓은 호수였습니다. 신기루라 하기에는 너무도 사실적이라고 생각하는 사이 우리를 태운 차가 그 호수를 헤치고 안으로 들어갔습니다. 차 앞쪽으로 호수를 둘로 갈라놓은 것 같은 반듯한 길이 나타나고, 차는 그것에 이끌리듯이 수면 위를 달려간 것입니다.

우리들은 물론이고 운전수도 너무 놀란 나머지 아무 소리도 내지 못했습니다. 도중에 뒤돌아보니 길은 사라지고 수면만이 펼쳐져 있었습니다. 그런데 앞쪽에는 한 줄기 길이 나 있는 것입니다. 겨우 다 건너고 나서 뒤쪽을 보니, 호수는 흔적도 없이 사라지고 초원만이 아무 일도 없었다는 듯 펼쳐져 있었습니다. 이 일을 떠올릴 때마다 나는 이렇게 생각합니다.

'생각이야말로 우리 앞에 길을 만든다.'

생각이 가야 할 길을 만들고, 우리는 그것에 이끌려 걸음을 내딛으며 다다라야 할 장소에 다다릅니다. 생각은 나침반이자 지도이기도 합니다. 생각하는 힘, 바라는 힘이 자신을 바꾸고 주위를 바꾸며 자연을 바꿉니다. 또한 우리의 인생이 알찬 열매를 거둘 수 있도록 해줍니다.

깊은 호흡으로 우주무한력을 몸에 받아들인다

그렇다면 어떻게 해서 생각이 실현되고 마음이 물질화하는 것일까요? 그것은 우리의 의식을 매개로 거기에 우주의 무한한 힘이 작용하기 때문입니다.

TV를 예로 들자면, 우주무한력이라는 전파는 이곳저곳을 날아다닙니다. 그런데 생각이라는 모니터가 없으면 영상을 그곳에 비출 수 없고, 또한 성능 좋은 안테나(수신기)로 파장을 맞추지 않으면 정확하고 깨끗한 영상을 볼 수 없습니다.

또한 무한력은 햇빛으로, 상념은 렌즈로 비유해 설명할 수 있습니다. 렌즈를 이용하여 햇빛을 한 점에 집중시키면 종이가 타오르기 시작하지요. 게다가 종이를 검게 칠해 놓으면 종이는 더욱더 잘 탑니다. 이와 마찬가지로, 우리가 품은 상념이 초점이 되어 무한력을 집중시키는 것입니다. 강하게 원하면 그 집속력은 더욱 높아지고, 실현성도 더욱더 커집니다. 보다 강한 생각, 완료형의 상념, 단정형의 상념이 생각을 형태로 바꾸어가는 것입니다.

우주무한력은 아무리 써도 없어지지 않는 만능 에너지로, 엄청난 부자 스폰서와도 같습니다. 우리가 그것을 아무리 많이 써도 무한한 샘물처럼 계속해서 넘쳐 흐릅니다. 얼마를 소비하든 결코 바닥나는 일이 없는, 우리 몸과 마음의 아주 고마운 '주인'입니다.

우주무한력이란, 모든 사물의 창조주이자 창조의 발단이기도 합니다. 이 세상의 모든 생명·사물·업무·일의 생성·존재·활동을 담당하는 에너지원이며 또한 그 원리 자체입니다. 그것은 무한한 에너지의 원천인 우주의 힘, 무한한 예지인 우주의 지혜, 그리고 만물의 물리적 형성 요소인 초미립자(유자 幽子)의 3가지 측면을 가지고 있습니다.

우주무한력은 단순히 물리적 에너지만을 가리키는 것이 아니라 이 3가지 원리가 통합된 것입니다. 즉, 무한한 힘·지혜·인자(소재)의 복합체입니다. 그리고 이것은 인간에게 있어 마음과 정신활동이라는 지혜, 자연치유력과 면역력이라는 건강의 힘, 세포라는 가장 작은 형성 소재의 3가지에 그대로 대입할 수 있습니다.

인간의 마음이나 몸의 구조와 작용은 우주와 비슷한 모양으로 만들어져 있습니다. 인간은 우주의 작은 모형으로서, 신이 인간을 만들 때 우주를 축소한 형태로 만들었습니다. 그렇게 생각하면 우주무한력을 체내에 받아들이는 방법이 '깊은 호흡'이라는 사실을 쉽게 납득할 수 있을 것입니다. 우주와 같은 구조를 가진 우리의 몸과 마음이 정심조식법에 의해서 '진짜 우주'와 연결되어 일치를 이루기 때문입니다.

바꿔 말하면, 호흡을 함으로써 우리 몸은 우주와 같은 구조를 갖게 됩니다. **정심조식법은 우주 자체를 호흡하는 행위이며, 우주의 원리에 인간의 몸과 마음, 지혜의 힘을 동조시키는 방법입니다.** 그 점에서 우리가 정말 알아야 할 예지는 사실 우리 자신의 내부에 있다고 할 수 있습니다. 인간을 아는 것은 우주를 아는 것입니다.

상념이 현실화되는 메커니즘은 무엇인가

여기서 말하는 유자(幽子)란 물질의 극소 단위로서, 3차원(물질세계)과 4차원(상념의 세계)의 경계에 있어 물질과 마음의 세계를 이어주는 존재입니다. 따라서 그것은 양쪽 세계의 성질을 모두 가지고 있습니다.

4차원 세계는 마음의 세계이자 상념·의사(意思)·영(靈)의 세계이기도 합니다. 그곳에서는 모든 것이 우리의 생각이나 의식의 작용에 의해 생겨나고 바뀌고 사라져 갑니다. '암세포여, 사라져라.' '필요한 자금이여, 모여라.'— 그렇게 기원하는 순간 4차원 세계에서는 곧바로 그 생각이 모두 이루어집니다. 그리고 상념의 세계에서 일이 성취되었을 때 두 차원의 경계에 있는 유자도 그 영향을 받아 3차원 세계에서도 '그렇게 되기 쉬운' 상태가 나타납니다.

이때 우리가 보다 강하게 염원하거나 단정적인 상념을 발함으로써 생각의 정도를 강화하면, 유자는 더욱더 물질화하기 쉬워지겠지요. 그리고 거기에 정심조식법에 의해 체내에 모인 우주무한력의 힘을 활용(방사)함으로써 마음의 세계에서 일어난 일이 물질세계에서도 눈에 보이는 형태로 실현됩니다. 말하자면 **추상적인 존재가 물질적 존재로 바뀌는 것**인데, 이것이 우리가 생각하는 상념이 현실화되는 메커니즘의 가설입니다.

의식이 현실화되는 것을 파동의 원리로 설명하는 사람도 있습니다. 파동이란, 일반적으로 빛과 소리가 전해질 때의 물결 모양의 움직임, 즉 그 파장과 진동을 말합니다. 하지만 그것을 더욱 넓고 깊게 해석하는 사람도 있습니다. 예를 들어, 파동은 단순히 동력을 전달하는 파장이 아니라 물질을 만들어내고 움직이는 에너지라는 것입니다.

내가 이해한 바로는, 모든 물질은 원자로부터 생깁니다. 원자의 중심에는 원자핵이 있고 그 주변을 전자(電子)가 고속으로 회전하고 있는데, 이 회전하는 전자는 고정된 형태의 물질이 아니라 모양이 일정치 않은 유동 상태입니다. 즉, 전자는 일종의 파동이며 진동 상태라고 생각됩니다. 최근 연구되는 양자역학에서는 이미 이러한 생각이 주류를 이루고 있다고 들었습니다.

물질의 극소 단위는 진동하고 있는, 아니 진동 그 자체입니다. 그렇다면 그 집합체인 물질 역시 진동하고 있다는 말이 되겠지요. 이 진동이 파동입니다. 따라서 모든 것은 진동하면서 존재하는, 파동을 지닌 에너지 존재라고 할 수 있습니다. 이는 인간의 말이나 사고, 의식과 같이 형상이 없는 추상적 존재도 마찬가지입니다.

모든 것, 모든 생각은 파동으로부터 생겨납니다. 모든 것에는 고유의 파동이 있습니다. 파동이란 일종의 '움직임'이기 때문에 서로 간섭하거나 영향을 끼치기 쉬운 성질을 지니고 있습니다. 즉 같은 파동은 서로 동조하고, 다른 파동은 배척하며, 높은 파동은 낮은 파동에 영향을 미치는 것입니다.

그 결과, 우리가 발한 생각이 사물의 성질을 바꾸거나 형상을 바꾸어 버리는 일이 일어납니다. 상념이 지닌 파동이 풀이나 물이 지닌 파동에 간섭하여 그 상태와 성질을 바꾸어 버리는 일이 '저절로' 일어나는 것입니다.

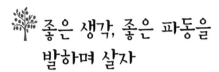

좋은 생각, 좋은 파동을 발하며 살자

인간의 마음도 하나의 파동입니다. 파동에는 파장이 있는데, 그 파장은 마치 지문처럼 사람에 따라 각기 다릅니다. 인간은 그 고유의 파장에 동조하려는 현상만을 만납니다.

따라서 우리에게는 우리가 끊임없이 발하고 있는 파장에 동조하는 일 외에는 일어나지 않습니다. 쉽게 말해서 **좋은 생각과 좋은 파장을 가진 사람에게는 좋은 일이 생기고, 나쁜 파장을 가진 사람에게는 안 좋은 일이 생기는 것입니다.**

좋은 생각을 품은 사람 곁에 있으면 자연스레 그 영향을 받아 온화하고 편안한 기분이 되거나 치유되기도 합니다. 싫어하는 사람과 함께 있으면 그곳은 답답하고 험악한 분위기가 되고 맙니다. 앞에서도 얘기했듯이, 밝고 긍정적인 기분으로 사는 사람에게는 밝고 긍정적인 일이 일어나고, 늘 감사하는 마음으로 사는 사람에게는 감사한 일이 일어납니다.

또한 만나고 싶었던 사람이 때마침 찾아오는 등의 '기묘한 우연', 이른바 동시발생(synchronicity)현상이나 불길한 예감·설렘과 같은 말로 표현되는 거리를 뛰어넘은 지각(知覺)현상, 텔레파시(telepathy)현상 등도 모두 파동의 동조로 설명할 수 있습니다.

나는 개업의사 시절부터 나만의 '안수'치료법을 통해 그 효과를 상당히 체험했습니다. 그래서 이쪽의 생각이 에너지가 되어 환자에게 전해진다는 사실을 그 당시부터 잘 알고 있었습니다. '나아라, 완치되어라!' 하는 강한 염원을 담은 약과 안수는 분명히 환자의 치료에 영향을 미쳤습니다. 그때의 내 손에서는 '치유의 파동'이 나왔고, 마음이 파동을 매개로 치유의 에너지가 되어 상대방의 심신 건강에 영향을 끼친 것입니다.

이 파동을 물리적 차원에서만 인식하면, 안수의 효과도 눈앞에 있는 환자의 환부에 직접 손을 댄 경우만으로 한정되고 맙니다. 생명체인 이상 우리 손이나 몸에서는 어떤 종류의 물리적 에너지가 나오고 있기 때문에 마음과 상념이 없이도 뭔가 효과는 얻을 수 있을 것입니다. 기공치료(氣功治療)는 그와 비슷한 것이라고 할 수 있습니다.

하지만 거기에 생각을 담고 마음을 담음으로써 효과는 두 배, 세 배로 증폭됩니다. 우주무한력이 작용하기 때문입니다. 또한 상념은 시공간의 물리적 제약을 받지 않기 때문에 생각을 담은 치유의 파동은 물리적 거리를 뛰어넘어 바다 건너에 있는 환자에게도 작용합니다. 원격치료까지 가능해지는 것입니다. 그 사실도 안수 치료의 경험에서 배웠습니다.

파동의 메커니즘을 이해하고 못하고는 차치하고, 바로 그렇기 때문에 평소부터 '정심'을 명심하여 좋은 생각을 품고 좋은 파동을 지닌 채 생활하는 것이 얼마나 중요한지 다시 한 번 강조하고 싶습니다. 바른 생각과 마음가짐이 좋은 파동을 만들고 눈앞의 일이나 사물, 사람에게도 좋은 영향을 끼침으로써 그들을 좋은 방향으로 바꿔가기 때문입니다.

파동의 동조 작용에 의해서 당신에게 좋은 일이 일어나고, 나쁜 일은 사라지며, 원하는 일은 틀림없이 달성될 수 있는 것입니다.

산소를 충분히 섭취하지 않으면 명상도 의미가 없다

좋은 생각과 정심의 자세가 파동이 되어 외부에 영향을 끼치고 일을 실현시킵니다. 그렇다면 그것이 우리의 내부에 미치는 영향과 효능은 무엇일까요? 그것을 마음과 뇌와 몸의 관계를 통해 잠시 살펴보겠습니다.

근래에는 인간이 어떤 마음의 상태일 때, 또한 어떤 정신 상태에 있을 때 어떤 호르몬이 분비되며 몸에는 어떤 영향을 미치는지 상당히 자세히 알 수 있습니다. 예를 들어 불평·불만·불쾌·공포와 같은 좋지 않은 감정을 가졌을 때는 아드레날린과 노르아드레날린, 만족감과 쾌감을 느꼈을 때는 베타 엔도르핀, 집중하고 있을 때는 도파민 등이 나온다고 알려져 있습니다. 이것들은 말하자면 마음의 작용을 담당하는 호르몬입니다.

특히 '플러스 사고 호르몬'으로 이름난 베타 엔도르핀 등의 긍정적 호르몬이 체내에 방출되면, 온몸의 세포라든가 기관이 자극을 받아 근육이 이완되고 모세혈관도 확장되어 혈행이 좋아집니다. 또한 부교감신경이 활성화되어 내장기관도 원활하게 작동하고, 강한 진통 작용과 스트레스 해소에도 효과가 있는 등 다양한 효능이 확인되고 있습니다.

이 **베타 엔도르핀의 분비를 촉진하는 것이 바로 밝고 적극적이며 감사하는 마음과 같은 긍정적 사고와 의식**입니다. 즉, 내가 말하는 '정심'의 자세와 좋은 상념, 무엇에도 구애받지 않는 평온한 마음 등이 긍정적 호르몬을 방출시켜 뇌와 몸의 건강 및 활성화에 크게 기여하는 것입니다.

'조식'에 의해 산소를 많이 섭취하는 것이 뇌세포의 작용을 정상화하는 길이라고 앞에서도 말했는데, 정심조식법에서는 호흡법뿐만 아니라 마음가짐에 의해서도 뇌의 활성화와 몸의 건강에 효과가 있다는 사실이 이렇게 과학적으로 입증되고 있는 것입니다.

다음으로 이 긍정 호르몬과 뇌의 파동, 즉 뇌파와의 관계를 살펴보면, 베타 엔도르핀은 반드시 뇌파가 알파(α)파일 때 방출되는 것을 알 수 있습니다.

뇌파에는 긴장이나 불안·초조가 점점 심해지고 있을 때 나오는 베타(β)파, 이완되어 있을 때와 집중하고 있는 상태에서 분비되는 알파(α)파, 수면중에 나오는 세타(θ)파와 델타(δ)파의

네 종류가 있습니다. 그 가운데 긍정호르몬인 베타 엔도르핀은 뇌파가 알파파 상태일 때에 방출됩니다. 베타 엔도르핀이 방출되기 때문에 알파파 상태로 되는지, 알파파 상태가 되어서 베타 엔도르핀이 나오는지 그 관계는 닭과 달걀의 문제처럼 어느 쪽이 먼저이고 나중인지 분명치 않지만, 두 가지가 일체의 관계에 있음은 틀림없는 것 같습니다.

그리고 뇌파를 알파파 상태로 이끄는 데 가장 효과적인 것이 명상이라고들 말합니다. 명상이란, 눈을 감고 오로지 자신의 내면과 대치하며 객관적으로 내면을 바라보는 것입니다. 선승이나 인도 요가 수행자처럼 깊은 명상 상태에 있을 때 뇌파와 분비호르몬이 가장 좋은 상태가 되고, 뇌의 기능이나 마음의 작용이 활성화되어 신체도 건강해집니다.

명상이 주목받고 있는 것도 많은 사람들이 이러한 사실을 잘 인지해 왔기 때문이며, 또한 명상이 심신의 건강에 좋다는 사실을 나 역시 부정하지는 않습니다. 그러나 내 생각에 일부러 명상을 행할 필요는 없다고 봅니다. 산소를 충분히 섭취하지 않은 채 아무리 명상을 해봐야 효과는 그다지 기대할 수 없기 때문입니다. 일반인은 (실례되는 표현이지만) 막연한 명상보다도 정심조식법을 실천하는 것이 더 효과적입니다.

정심조식법에 내관(內觀)이라는 행위가 있다고 앞서 말했는데, 그 내관이 바로 명상에 필적할 만한 행위입니다. 아니 정확히 말하자면, 내관은 '안으로 향하는 상념'이기 때문에 거기에 상념의 힘까지 더해져 있습니다. 그만큼 일반적으로 말하는 명상보다 효능이 더 크다고 생각됩니다. 내관을 행함으로써 저절로 명상 상태에 들어갈 수 있기 때문입니다.

따라서 정심조식법은 정심이라는 긍정사고와 좋은 생각, 호흡이라는 이완법과 건강법, 상념·내관이라는 상상력과 명상적 염원 등 뇌를 알파 상태로 이끌어 베타 엔도르핀을 방출시키는 조건이 모두 하나의 행위 속에 포함되어 있는 묘법이라 할 수 있습니다.

깊은 호흡을 하고, 모든 일을 항상 긍정적·적극적으로 파악하고 감사의 마음을 잊지 않으며, 언제나 좋은 생각을 품고 내관에 의해 자신의 내면을 응시하여 깊은 성찰과 성공의 이미지를 그리도록 하십시오. 이렇게 함으로써 뇌와 온몸의 기능이 활발해지고 생명 자체가 활성화됩니다. 그리고 상념의 힘에 의해서 생각을 이루는 힘을 얻을 수 있습니다. 이것이야말로 정말 완전하고 자유로운 방법입니다.

 ## 몇십 년 전부터 실천해 온 안수요법의 효능

알파파 이야기를 했는데, 기(氣)에 의한 치료를 행할 때 뇌에서 알파파가 나오는 것은 확실한 것 같습니다. 전에 내가 '안

수'치료를 할 때도 내 손에서 치유의 파동이 나옴과 동시에 나의 뇌는 알파파 상태가 되어 행복 호르몬인 베타 엔도르핀이 방출되고 있었던 것입니다.

결국 기 치료나 안수 같은 행위를 통하여 치료받는 쪽은 물론이고 치료하는 쪽 역시 이완되고 치유된다는 얘기입니다. 마치 울고 있는 아기를 달래면서 달래고 있는 어머니도 뭐라 말할 수 없는 행복감에 휩싸이듯이 말입니다.

의사와 환자의 관계도 원래 이러해야 하는 것이 아닐까요? 치료를 통해 서로에게 '좋은 생각'을 심어줄 수 있다면, 또한 그것을 늘 염두에 둔다면 세간을 떠들썩하게 하는 의료사고나 의료 불신 문제쯤은 사라져버릴 것입니다. 의사는 메스를 다루는 기술이나 병리 분석을 익히기 전에 먼저 환자에 대한 배려와 따스한 감정을 지닐 필요가 있습니다.

나도 현직 의사로 있을 때 항상 그것을 잊지 않으려고 노력했습니다. 그렇게 환자 중심의 의료법에서 '안수요법'도 생각해낸 것입니다.

안수요법은 시간으로 따지면 10분 정도 환부에 손을 대면서 '나아라' '나았다'고 상념을 보내고, 깨끗이 나은 모습을 상상할 뿐 다른 방법은 없었습니다. 그것을 희망하는 환자에게 일반 치료법 및 약과 병용하여 시행함으로써 절대적인 치료 효과를 거두었고, 우리 병원은 자연스레 좋은 평판을 얻게 되던 것입니다.

하기야 그 전에 적을 두었던 도쿄대 병원에서도 필요에 따라 안수 치료를 시행하였고 그것이 지도교수의 비위에 거슬려 병원을 쫓겨나는 원인으로까지 되고 말았지만, 그래도 나는 안수에 큰 치료 효과가 있음을 과학적으로 믿어 의심치 않았습니다.

생명이 선천적·근원적으로 지니고 있는 생명력과 자연치유력은 자신의 생명을 활성화시킬 뿐만 아니라 상대를 치유하고 건강으로 이끄는 힘도 갖고 있습니다. 그것을 손바닥에서 기·파동·에너지로 발산하고, 거기에 상념과 상상의 힘까지 더함으로써 환자가 지닌 치유력을 활성화시켜 병에 차도를 보일 수 있습니다. 또한 병에 잘 걸리지 않는 건강한 몸을 만들 수도 있습니다.

비과학적이라고 생각할지 모르지만, 안수에는 그러한 '초과학적' 효능이 있음을 나는 많은 임상 경험을 통해 확신하였습니다. 사실 그 효과에 대하여 과학이나 이론으로는 설명할 수 없을는지도 모릅니다. 하지만 과학을 뛰어넘는 효과를 갖고 있을 수도 있습니다. 나는 현대의학이나 과학을 부정하거나 거부하는 것이 아니라, 그 위에 새로이 자연치유력과 상념의 힘이 지닌 효능까지 더하려고 했던 것입니다.

일반 치료법과 약을 병용한 것은 그 때문이며(그렇다고 내가 약을 지나치게 처방하는 의사는 아닙니다), 내가 더 괴짜 의사였다면 비과학적인 안수 치료에만 매달려 오히려 나쁜 결과를 초래하고 말았을지도 모릅니다. 그러나 나는 비과학이 아니라 초과학의 입장을 취했기에 그렇게 되지는 않았습니다.

기계적인 분석 의학에만 의존하지 않고, 그렇다고 안수요법에만 치우치지도 않았습니다. 하고 싶다고 스스로 희망한 환자에게만 시행했습니다. 그래서 양쪽의 좋은 것을 선택하여 두 가지 효능을 병용하는 초과학적 태도를 늘 견지해 왔습니다. 내가 실제 의사, 임상의로서 성공할 수 있었던 것은 아마도 그 때문이라고 생각합니다.

 ## 의사와 환자의 신뢰감이 과학적 효능을 높인다

안수요법은 특히 통증을 줄이는 데 큰 효과를 발휘했습니다. 담석 통증으로 쓰러져 나뒹구는 환자에게 내가 안수를 하자, 구역질을 일으킬 정도로 격렬했던 고통이 곧 썰물처럼 사라졌습니다. 그런 예가 많았는데, 위가 약한 사람의 부탁으로 환부에 손을 대자 먼저 그 통증과 더부룩함이 없어지고 3~4일분의 처방약을 복용하는 동안 깨끗이 나은 일도 있습니다.

나에게 안수를 받으면 뭐라 말할 수 없이 기분이 좋아지며 잠들고 싶어진다는 얘기도 자주 들었습니다. 이렇듯 안수가 진정·진통 효과에 뛰어난 효능을 보이는 것은 초과학적인 일이라 할 수 있습니다.

왜냐하면 졸음이나 좋은 기분은 심리적으로 편안하고 이완된 상태에서 오는 것인데, 그러한 정신 상태가 되면 앞서 말한 대로 뇌파는 알파파가 되고 베타 엔도르핀 등의 행복 호르몬이 방출됩니다. 그 결과 육체적 고통이 완화됨과 동시에 온몸의 세포와 기관이 자극을 받아서 혈행을 비롯한 갖가지 기능이 활발해지는 것을 알 수 있습니다.

즉, 안수에는 환자에게 정신적 안정감을 줌으로써 몸과 마음을 다 같이 건강한 상태로 이끄는 효과가 있습니다. 이것은 안수의 의학적 효능을 과학적으로 증명하고 있는 것이나 다름없습니다. 내가 의사와 환자 사이의 신뢰관계를 중시하는 것은 이 때문이며, 신뢰감이 환자를 안심시켜 건강에 좋은 호르몬을 분비시키기 위한 준비가 갖추어지기 때문입니다.

의학적 치료에 신뢰감이 필요하다고 말하면, 그것이야말로 비과학적이라는 비난을 받을지도 모릅니다. 하지만 **신뢰감이 심리적 이완 상태를 만들어 몸과 마음에 좋은 영향을 미치는 것은 의학적 사실**이며, 오늘날의 의료 현장에서 가장 부족한 것이 그 신뢰감이 아닐까 싶습니다.

안수나 환자와의 신뢰관계에 관해서는 다양한 경험을 해왔는데, 그 중에 오래 전 일이지만 아직도 선명히 떠오르는 기억이 있습니다. 여담 같지만 잠깐 얘기해 보겠습니다.

쇼와 초기, 대학병원에서 안수 치료를 했던 일이 원인이 되어 병원을 쫓겨난 나는 결국 시부야에 내과병원을 개업했고, 개업 직후 인연이 있었던지 한 거물정치가의 치료를 맡게 되었습니다.

모리 가쿠 씨인데, 당시 정우회 간사장이었던 그는 라이벌인 국민당으로부터 이누카이 쓰요시를 빼내 총리대신에 앉히고, 나중에 총리가 된 하토야마 이치로를 문부대신 자리에 오르게 한 이른바 킹메이커였습니다. 정계 제일의 실력자이자 매우 활동적인 민완정치가였던 그가 불치병인 결핵에 걸렸습니다. 더욱이 급성 폐결핵으로, 일단 증상이 나타나기 시작하면 마치 날뛰는 말처럼 급속히 진행되어 두 달 정도면 목숨을 잃는다고 하는 치명적인 병이었습니다. 당시의 의료 수준으로는 전혀 살 가망이 없는 절망적인 병이었지요.

살아날 수 없다는 것은 환자 본인이 가장 잘 알고 있었는데, 그럼에도 모리 씨는 과연 대단한 인물이었습니다. 당시 서른 살 안팎이었던 나이어린 나에게 머리를 깊숙이 숙이며 말했습니다.

"심각한 병이라는 건 잘 알고 있습니다. 치료는 모두 선생님에게 맡길 테니 낫고 낫지 않고는 괘념치 말고 어쨌든 끝까지 보살펴주시기 바랍니다."

그 정도로 신뢰해 주는 모습에 나도 적잖이 감격하여 가능한 한 모든 수단을 다 동원하였습니다.

급성 결핵에 걸리면 심한 기침으로 인해 환자는 매우 고통스러워합니다. 한번 발작이 일어나면, 기침으로 고통스러워 가만히 누워 있지 못하고 몸을 벌떡 일으킬 정도입니다. 나는 그러한 모리 씨의 등에 손을 대고 가볍게 문지르면서 상념을 집어넣었습니다. 그러자 통증과 고통이 점차 사라지고 잠시 안정을 찾았습니다.

결핵 자체를 낫게 할 수는 없었지만, 내가 하는 치료법이 고통을 치유하는 효과가 크다는 사실을 깨달은 모리 씨는 더욱더 나를 가까이 붙잡아두려고 했습니다. 그러나 모리 씨의 존재를 누구보다도 필요로 하는 정우회와 군부 사람들에게는 그것이 달갑게 느껴질 리 없었습니다. 더욱이 대외적으로는 그의 병명을 폐렴과 천식이라고 말했기 때문에 그들은 "폐렴도 못 고치는가, 이 돌팔이 의사 놈!"이라고 욕지거리를 퍼붓고, 나를 빈정거리기라도 하듯 권위 있는 명의를 모리 씨에게 데려오는 일도 자주 있었습니다.

또한 당시 일본 제일의 내과의사라는 평판을 얻고 있던 도쿄대 교수(대학시절에 나도 그에게 배운 적이 있다)가 내가 없는 사이에 진찰하고 처방전을 남겨두었던 일이 있었습니다. 그런데 내가 그것을 따르지 않자, 그 교수는 화가 나서 모리 씨의 진찰을 그만두고 말았습니다. 그러자 주위 사람들이 환자를 가마쿠라의 호텔로 이송해 버렸습니다.

그 일로 나도 진찰을 그만두게 되자 또 다른 의사에게 부탁했던 모양입니다. 그런데 며칠 후 모리 씨가 심부름꾼을 보내

나를 불렀습니다. 가서 만나보니, "정우회 간부가 무례를 범했지만 제발 지금까지와 똑같이 계속해서 내 치료를 해주세요." 하고 다시 머리를 깊숙이 숙이는 것이었습니다. 그렇게 신뢰받으면 의사로서 황송하리만치 고마울 수밖에 없습니다. 그 말을 듣고 나도 더 이상 주위의 잡음에 흔들리는 일 없이 마지막까지 그를 보살피겠다고 마음을 다졌습니다.

그리고 모리 씨의 친구이자 나중에 국철 총재를 지내기도 한 S라는 사람이 나와 함께 모리 씨를 치료할 의사로 마나베 요시이치로 선생을 추천했습니다. 대학병원 시절의 지도 교수로, 내가 안수를 이용해 어떤 환자를 치료한 것을 비과학적이라고 꾸짖고는 "그것은 비과학이 아니라 초과학입니다."라고 대꾸한 나에게 더욱더 화를 내며 병원에서 나를 '파문'했던 바로 그 사람이었습니다.

나도 놀랐지만, 마나베 선생도 내 이름을 듣고 몹시 불쾌한 표정을 지었던 모양입니다. 그러나 그의 인품은 훌륭한 분으로, 모리 씨를 진찰하는 것은 상관없지만 먼저 주치의인 시오야의 허락을 받았으면 한다고 타진해 왔습니다. 그래서 S씨가 나를 찾아와서 마나베 선생과 함께 진찰을 맡아달라고 머리를 숙였습니다. 나는 두말할 필요도 없이 선생에게 과거의 무례를 사죄하고 은혜도 갚을 수 있는 절호의 기회라고 생각했습니다.

처음에는 말도 걸어오지 않았지만, 결국은 나의 치료 내용과 모리 씨의 나에 대한 두터운 신뢰 등을 가까이서 지켜보면서 점차 나를 다시 봐주었습니다. 그리고 "시오야를 잘못 봤다. 그는 일류 의사다."라고 말했다는 얘기를 병원 친구로부터 듣고 나는 더없이 고맙고 기쁘게 생각했습니다.

안타깝게도 모리 가쿠 씨의 생명을 구할 수는 없었지만 그와의 사이에 맺어졌던 신뢰관계, 혹은 마나베 선생이 나의 치료법을 높이 평가해 주었던 것은 뜻밖의 기쁨이었습니다.

 ## 보이지 않는 세계에 눈뜨게 해준
불가사의한 노인

안수 치료를 계기로 인연을 맺은, 결코 잊을 수 없는 또 한 분이 있습니다. 구마모토에 살던 노인 마쓰시타 쇼조입니다. 이 노인은 평범한 민간인인데도 기적이라고밖에 할 수 없는 많은 '비과학적' 치료법을 나에게 보여주었습니다. 뿐만 아니라 '영계(靈界)의 실존'을 가르쳐주고, 보이지 않는 세계를 '보는 눈'을 뜨게 해준 인물이기도 합니다. 이야기하는 김에 이 노인과의 만남에 대해서도 간단히 소개해 보겠습니다.

역시 나의 안수요법이 호평을 얻고 있을 무렵 「부인구락부」라는 잡지 기자가 그 소문을 듣고 취재하러 왔습니다. 어느 정도 취재가 이루어진 뒤 기자가 나에게 이렇게 말했습니다.

"선생님의 안수 치료도 효과가 큰 것 같지만 저는 더욱 대단한 사람을 알고 있습니다."

"오, 어디의 누구입니까?"

"구마모토 벽촌에 살고 있는 노인으로 배우지 못해 글도 모르는 사람인데, 놀랍게도 훌륭한 치료 '기술'을 사용해 병을 치료합니다. 그 지역 사람들은 신(神)처럼 존경하고 있고, 여기 저기서 병자들이 찾아왔다가 치유되어 돌아갑니다."

그 말을 듣고 나는 흥미를 느끼지 않을 수 없었습니다. 나보다 나은 사람이라면 기꺼이 가서 배울 필요도 있는 것입니다. 나는 즉시 '일주일간 휴진'이라는 팻말을 병원 문에 내건 뒤, 꼬박 하루를 기차에 흔들리며 구마모토 다마나 군의 바닷가에 접해 있는 죠슈라는 작은 마을로 향했습니다.

간신히 구마모토 역에 도착하니 앞에 버스가 서 있었습니다. 놀랍게도 그 버스에는 '신령님 행(行)'이라는 표시가 있고, 기차에서 내린 사람 대부분이 그 버스에 올라탔습니다. 이곳이 틀림없다고 생각하며 나도 승객의 한 사람이 되었습니다.

버스가 시골 길을 잠시 달리더니 한 채의 농가 마당으로 들어가 멈췄습니다. 승객들이 모두 내려서 익숙하게 툇마루를 통해 사랑방으로 들어갔습니다. 나도 맨 끄트머리에 자리를 잡았습니다. 그러자 흰옷을 입은 노인이 2층에서 내려왔습니다. 그가 소문으로 듣던 '신'이구나 싶었습니다.

'신'은 신령을 모셔놓은 제단을 향해 앉은 환자 한 사람 한 사람을 흘끗 보고는 두세 번 고개를 끄덕끄덕하고 나서 "좋아." 하고 규슈 사투리로 딱 한마디 말했습니다. 치료라고 할 만한 것은 그것뿐이었고, 가끔 뭐라고 말하며 손을 대는 경우도 있었습니다. 그러면 환자들은 모두 납득했다는 듯이 새전함에 얼마인가의 치료비를 넣고 돌아가는 것입니다.

내 차례가 와서 앞 사람이 하던 대로 신령을 모신 제단을 향해 머리를 숙였는데 좀처럼 "좋아." 하는 말이 나오지 않았습니다. 이상하다는 생각이 들 즈음 '신'은 내 오른팔을 잡으며 말했습니다.

"당신의 이 손에는 '머리털'이 나 있군. 이 손이 닿으면 병이 낫는구먼."

손에 '머리털'이 나 있어서 병을 치료한다? 사투리가 심하기도 해서 의미가 잘 이해되지 않았습니다. 미심쩍은 얼굴을 하고 있자니, 조수가 '통역'하듯이 설명해 주었습니다. 내 손에 있다는 것은 머리털이 아니라 '신의 기(氣)'이며, 따라서 내 손에는 병을 치료하는 힘이 있다는 것이었습니다. 내가 고개를 끄덕이자 '신'은 2~3일 머물다 가라고 체재를 권했습니다.

나는 기꺼이 그의 말을 따라 2~3일이 아니라 4~5일 머물게 해달라고 청했더니 흔쾌히 승낙했습니다.

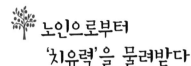

노인으로부터
'치유력'을 물려받다

마쓰시타 옹이 나에게 보여준 치료 능력은 확실히 대단하다는 말밖에는 할 말이 없었습니다.

예를 들어, 내가 환자를 청진(聽診)·타진(打診) 등으로 자세히 진단하고 나면 마쓰시타 옹이 같은 환자를 진단합니다. 그러면 내가 발견한 병은 틀림없이 그도 발견했고, 간혹 내가 간과한 병까지도 그는 발견했습니다. 병명은 말하지 않지만 나쁜 부분이나 장기(臟器)를 정확히 지적하는 것입니다. 언제나 '나 이상의 진찰 능력'을 보여주었습니다.

그러나 그의 진찰 방법이라는 것은 환자를 한번 쓱 훑어보는 것뿐이고, 치료법도 고개를 두세 번 끄덕끄덕할 뿐이었습니다. 그것만으로 고통은 사라지고 병도 간단히 치료되어 버렸습니다. 나처럼 손을 대는 일도 거의 없었습니다. "이 사람 열이 있네. 38도겠는데……"라고 해서 내가 체온계로 재보면 정확히 38도였습니다. "이제 열 내리네." 하고 끄덕끄덕해서 체온을 재보면 정상으로 돌아가 있는 것입니다.

"이 사람 오른쪽 늑막에 물이 고여 있네. 얼마나 고였는지 알겠나?"

"확실히 고여 있긴 합니다만 양까지는 잘 모르겠습니다."

"3홉2작(약 550ml)이겠군. 지금 물 빠지네…… 좋아, 이제 물없네."

늑막의 물은 나도 몇 번이나 뺀 적이 있습니다. 주사기를 꽂아 빨아들이는 것이 일반적인 방법인데, 그는 아무것도 사용하지 않았습니다. 역시 환부를 지그시 바라보고는 고개를 몇 번 끄덕일 뿐이었습니다. 그것으로 물은 없어지고 환자는 차도를 보였습니다. 목발을 짚고 온 사람이 돌아갈 때는 자기 발로 걸어서 돌아가는 그런 일은 그곳에서 늘 일어나는 일이었습니다.

나는 놀라움을 넘어 완전히 탄복하고 말았습니다. 그곳에 머무는 동안 병 치료뿐만 아니라 고도의 최면 능력과 투시 능력도 볼 수 있었는데, 어쨌든 노인에게는 신의 눈, 신의 기운이 갖춰져 있다고밖에 생각할 수 없었습니다.

물론 치료 효과가 충분치 않거나 전혀 없는 경우도 있었지만, 그의 치료 능력은 과학적인 서양의학에서부터 '정체를 알수 없는' 민간의 심령치료에 이르기까지 정말 놀라운 것이었습니다. 나의 100년 인생에서 그 노인만큼 뛰어난 '치유의 기, 치유력'을 가진 치료자는 이제까지 본 적이 없습니다.

그때는 닷새 정도 머물고 도쿄로 돌아왔는데, 이듬해 여름 그로부터 꼭 한번 와달라는 내용의 편지가 왔습니다. 매우 기쁜 마음으로 다시 찾아가니 그도 기뻐하며 이러한 말을 꺼냈습니다.

"나는 이제 병 치료는 그만두려네. 이 힘은 다 자네에게 줄

테니 자네가 대신 병을 치료해 주게."

이유를 들어보니, 머지않아 일본이 세계를 상대로 전쟁을 시작하며 거기서 이기기 위한 활동에 힘을 쏟아야 하기 때문에 병 치료에 매달릴 수 없다는 것이었습니다. 또다시 신이 잠깐 내려왔나 하는 것이 그때의 인상이었는데, 그곳에 머무는 동안 그는 매일 내 오른팔을 잡고서 그 '치유력'을 자꾸만 나에게로 옮겨주려고 했습니다.

그 효과는 없었던지 결국 나는 마쓰시타 옹만큼 뛰어난 치유력을 갖지 못한 채 이 나이가 되어버렸습니다(대신 우주무한력이라는 보다 원대한 힘을 활용하는 방법을 깨달았지만). 그도 자신이 말했던 대로 그 후 병 치료를 그만두고 더 큰 목적을 향해 활동했던 모양입니다. 그런데 그의 예언대로 전쟁이 시작되었지만 잘 알다시피 일본은 패하였습니다. 하지만 마쓰시타 옹은 그 결과를 보지 못했습니다. 그는 전쟁 중에 타계하고 말았던 것입니다.

 보이지 않는 세계에도
따뜻한 눈길을 돌리자

또한 마쓰시타 옹은 나에게 영혼세계의 실재를 직접 보여주었습니다. 구마모토에 가 있는 동안 그는 필요에 따라 갖가지

4장 • 불가사의한 세계가 가르쳐준 것

영(靈)적 능력과 초능력을 보여주었습니다. 환자에게 붙어 있는 영의 종류를 알아맞히거나 그 영과 대화를 하며 또 의도적으로 신들리기도 하고, 혹은 사람의 영혼을 바꾼다며 두 환자의 인격을 바꿔치기해 버린 일도 있었습니다.

노인이 여느 때처럼 고개를 끄덕끄덕하자, 본인들은 전혀 자각하지 못하는 사이에 목소리와 말투, 동작 등이 완전히 바뀌어버린 것입니다. 노인이 다시 고개를 끄덕이자 곧 원래대로 돌아갔습니다. 자유자재로 인간을 조종하는 것 같아서 보고 있으면 무서워질 정도였습니다. 그는 상대방의 전생을 꿰뚫어보는 힘도 갖고 있었습니다.

나는 그것들을 그저 놀라운 눈으로 바라보았을 뿐 정확히 대응하거나 분석하는 능력을 갖고 있지는 못합니다. 어쨌든 그때까지 관념적으로만 알고 있었던 영혼이라는 것이 '현실로 존재하는' 것을 처음으로 직접 보고 실감할 수 있었습니다. 그것을 계기로 나는 영혼의 세계에 흥미를 느껴 각종 문헌을 뒤적이거나 그러한 일에 조예가 깊은 인물에게 이야기를 들으면서 지식을 쌓아왔습니다.

한동안 나는 그것만으로는 만족할 수가 없어서 실제로 교령(交靈, 죽은 사람의 영혼과 산 사람의 의사가 교류됨) 실험을 하고, 영매(靈媒)를 통해 다양한 영과의 커뮤니케이션을 시도하기도 했습니다. 그때 세속적으로 말하는 많은 불가사의한 영적 현상—가령, 심령사진이라든가 가상심령체(假想心靈體, ectoplasm) 등—

을 체험할 수도 있었고, 영과 함께 떠들거나 의논을 하고 수준 높은 영으로부터 여러 가지 유익한 가르침을 받았던 일도 있습니다.

이러한 연구와 체험을 통해 깊이 이해하고 납득할 수 있었던 것이 앞서 말했던 영혼세계의 실재와 인간 영혼의 불멸이었습니다.

민속학자 야나기다 구니오는 「저승 이야기」에서 이렇게 쓰고 있습니다.

이 세상 속에는 이승과 저승, 즉 '복사세계'와 '격리세계'라는 것이 성립하고 있다. 격리세계에서는 복사세계를 보고 들을 수 있지만, 복사세계에서 격리세계를 보는 것은 불가능하다.

말하자면 이 세상에는 아무리 알려고 해도 알 수 없는 것이 존재한다, 아니 이 세상 이외의 세계, 즉 저세상이 존재하고 있다는 것입니다. 그것은 우리의 눈에 보이거나 인식할 수 있는 현세의 세계보다 훨씬 넓고 크고 깊습니다. 그러한 볼 수도 알 수도 없는 세계는 우리가 지각하고 알 수 있는 모든 것의 근원을 이루고 그것들을 통괄하면서 현세와 교류하기도 합니다. 그래서 인간은 죽어도 그 영혼은 저세상, 즉 영계에서 영원히 살아 있습니다……. 나는 그렇게 '보이지 않는 세계'의 존재를 완전히 확신하게 되었습니다.

4장 • 불가사의한 세계가 가르쳐준 것

따라서 어린아이를 잃었을 때도 그 육체가 상실된 슬픔은 있었지만, 그의 혼은 영계로 옮겨가 거기에서 보다 수준 높은 삶을 새로이 살고 있으며 하려고만 하면 영혼 수준에서의 교류는 사후 언제라도 가능하다는 것을 알고 있었기 때문에 그 죽음을 충분히 '납득'할 수 있었던 것입니다.

저세상이라든가 영(靈)이라는 말에 거부반응을 보이거나 냉소의 대상으로 삼는 사람이 많다는 것은 알고 있습니다. 그것도 무리는 아니라고 생각합니다. 어쨌든 영 현상 같은 얘기라면 단순한 유령 이야기나 저속한 속임수도 많고, 개중에는 그것을 이용해 사람을 위협하거나 돈벌이를 꾀하는 수상쩍은 인간도 적지 않기 때문입니다. 하지만 그렇다고 해서 눈으로 볼 수 있고 알 수 있는 세계만이 실체이고, 그 이외는 모조리 착각이나 미신이라고 단정하는 것은 과학적 태도의 편협함이라고 말할 수 있을 것입니다.

영계나 저세상이라는 표현이 틀렸다면 보다 높은 차원의 세계라고 해도 좋습니다. **바람은 눈에 보이지 않지만, 풀과 나무가 나부끼는 것을 보면 누구나 그곳에서 바람의 존재를 인지할 것입니다.** 바람이라는 표현이 쉽게 이해가 안 된다면 공기의 흐름이라 해도 좋습니다. 저제상의 존재도 그와 마찬가지라고 생각합니다. 눈에 보이지 않지만 그것은 틀림없이 존재하고 있습니다. 존재하여 우리가 살아가는 이 세상을 지켜보고 있는 것입니다.

눈에 보이지 않는 세계를 '없다'고 무시하는 차가운 시선이 아니라, 보이지 않기 때문에 그것을 응시하려는 생명사고의 따뜻한 눈길이 필요합니다. 내가 영혼세계의 연구를 통해 배운 것도 그러한 것이었습니다.

🌳 발밑을 응시하는 일의 중요성을 잊지 말라

나는 지금은 영과의 교류를 그만두었습니다. 그 이유는 많지만 우주무한력의 존재를 알게 된 것이 가장 크다고 할 수 있습니다. 우주무한력이란 만물의 창조주임과 동시에 모든 것의 설계자이며, 영계 같은 것은 거기에 포함된 자그마한 세계에 불과하다는 사실을 알았기 때문입니다.

요컨대, 교령보다는 정심조식법을 행함으로써 그 우주의 무한한 힘을 모아 활용하는 편이 우리의 지식과 힘의 수준을 훨씬 높여주고, 그 필요성 또한 매우 크다는 것을 알았습니다. 우주무한력은 영계보다도 훨씬 차원 높은 존재여서, 우주무한력이라는 만 권의 책이 있다면 영계는 그 가운데 기껏해야 한 권 정도에 불과합니다. 하물며 현세라는 것은 그 한 장(章)도 채울 수 없는 것이겠지요.

그런데도 한 장(章)만 대충 훑어보고 한 권을 안 셈 치고, 한

권만 읽고 만 권을 이해한 셈 친다면 그것만큼 우스꽝스러운 일도 없을 것입니다. 하지만 그것은 어쨌든 인간이 범하기 쉬운 잘못이기도 합니다. 나는 그러한 우(愚)를 범하고 싶지 않았습니다.

안수요법을 그만둔 것도 같은 이유에서였습니다. 즉 내가 환자를 치료해 주는 것이 아니라 환자 자신이 스스로를 치료하는 것입니다. 나는 그것을 조금 거들었을 뿐입니다. 누구든지 남에게 치료받을 것이 아니라 스스로 자신의 환부, 약한 곳이나 결점에 '손을 대어' 치료하지 않으면 안 된다는 걸 알았기 때문입니다. 그리고 그것은 우주무한력의 활용법을 알면 누구라도 가능한 일입니다.

영계와 교류하던 무렵의 나는 현세의 상식의 척도로는 잴 수 없는 초자연적 현상이 영을 사이에 두고 차례로 일어나는 것이 신기했고, 그것이 나에게 가능하다는 사실이 왠지 자랑스럽기도 했습니다. 그래서 나의 눈은 영계라는 '위쪽'만 올려다보았던 것 같습니다.

그런데 그것보다 더욱 차원 높은 우주무한력이라는 존재를 알았을 때 불가사의하게도(사실은 전혀 불가사의한 일이 아니지만) 나는 '발밑'을 응시하는 것의 중요성을 새삼 깨달았습니다. 발밑이란 바로 정심, 나날의 바른 마음가짐을 말합니다. **높은 하늘을 맹목적으로 꿈꾸는 게 아니라 발밑에 있는 하루하루를 바른 마음으로 살아가는 것입니다.**

그렇게 할 때 비로소 좀 더 높은 관점에서 하늘을 나는 날개와 하늘의 이치를 깨우칠 수 있습니다. 가지가 높이 자라기 위해서는 우선 뿌리를 땅속 깊이 뻗어 내릴 필요가 있습니다. 그 역설적인 진리가 우주무한력의 존재를 알고 정심조식법을 실천함으로써 비로소 머리로 이해하는 것보다 더 확고히 마음에 와 닿아 납득할 수 있었습니다.

다시 말하지만, 신은 우리 인간에게 어려운 일은 무엇 하나 요구하지 않습니다. 깊은 호흡을 하는 것만으로 건강을 얻고 생각하는 바가 실현되듯이, 쉬운 일을 되풀이하다 보면 어떠한 난관도 뛰어넘고 달성할 수 있게 됩니다.

매일매일 정심과 조식을 실천하십시오. 그것만으로 개인적인 건강이나 염원이 실현될 뿐만 아니라, 비와호의 예처럼 더럽고 피폐해진 자연이 깨끗해지고 사람들의 마음도 안정과 조화로 치달아 세계 평화가 실현될 것입니다. 또한 언젠가 지구를 덮칠 파멸적인 자기정화 작용에서 살아남을 수도 있을 것입니다.

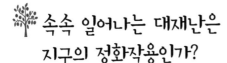

속속 일어나는 대재난은 지구의 정화작용인가?

노스트라다무스의 예언으로 대표되는 종말론은 대체로 다

음과 같은 내용을 가지고 있습니다.

난치병, 기근, 지진, 화산 분출, 홍수, 해일, 지각 변동, 전쟁, 내란…… 규모가 크고 광범위한 천재지변과 동란이 빈발하여 세계는 말로 다 표현할 수 없는 처참한 상황을 겪게 되고, 사람들은 혼란 상태에 빠져 많은 생명을 잃는다.

나도 이러한 카타스트로피(catastrophe, 대파멸)의 예언을 교령 실험을 거듭하고 있을 무렵 고대 영(靈)의 입에서 직접 들었습니다.

인간은 오랫동안 죄와 추악한 짓을 저질러 왔구나. 이 혼에게도, 이 육체에게도, 더 나쁜 일은 이 지구에도 많은 죄악을 저질러 왔다는 것이다. 자기 몸과 마음을 손상시켰을 뿐만 아니라 자신들이 사는 집도 더럽히고 전혀 반성하는 일이 없다. 이윽고 그 죄를 갚을 때가 온다. 죄 많은 이는 쫓겨나고 모든 것이 씻겨 깨끗해지는 목욕재계의 때다. 신이 '이러해야 하는 것'으로 만든 본래의 모습으로 되돌아가기 위한, 말하자면 '대청소'다. 먼저 천재지변이 지구를 덮칠 것이다. 인간의 죄업도 죄가 있든 없든 간에 신의 솔(브러시)로 싹싹 문질러질 것이다. 그 결과 많은 사람이 전염병으로 죽고 굶주림에 시달리며 병에 걸리고 부상을 입는 등 온갖 불행이 덮쳐온다.

그러한 내용의 이야기를 들었던 것이 전후 2년째 될 무렵이었는데, 이 영은 그 시기를 60년 후라고 예언했습니다. 계산해 보니 21세기 초에 그 대청소가 본격적으로 이루어지는 셈입니다.

하긴 동서고금의 많은 예언서가 그 시기에 다소의 차이는 있지만 이와 비슷한 '기분 나쁜 미래도(未來圖)'를 그리고 있습니다.

성서의 「요한묵시록」이 그렇고, 성(聖) 말라기의 「교황의 역사」가 그렇고, 에드거 케이시의 예언이 그렇습니다. 특히 성서는 전편이 대예언서라 해도 좋을 정도인데, 그것을 명시하지 않았기 때문에 일반인은 읽고도 이해하기 어렵습니다. 하지만 이미 3,000년 전에 러시아혁명, 히로시마 원폭 투하, 케네디 암살 등 세계사의 획을 긋는 큰 사건들이 '암호' 형태로 기록되어 있다고 합니다.

「성서의 암호」라는 책에 의하면, 성서를 자세히 해독해 가면 가령 케네디 암살사건 등은 그 장소와 범인, 살해 방법까지 쓰여 있고, 이스라엘의 라빈 총리 암살도 같은 나라 사람에게 등 뒤에서 저격당한다는 사실이 분명히 예언되어 있다고 합니다.

지진이라든가 홍수 같은 자연재해라면 모를까, 그러한 인위적 사건이나 세계사에서 볼 때 작은 사건의 발생 시기에서부터 장소 등의 세부사항까지 기록되어 있는 것은 예언이라기보다 차라리 신의 계시라고 해야 할 것입니다.

결국 역사란 아주 옛날에 신이 그려놓은 인간의 성장에 대한 설계도이며, 언제 어디서 무슨 일이 일어날지 그 모든 것은 미리 결정되어 있는 셈입니다. 인간은 그런 줄도 모른 채 그 설계도에 따라 길고 긴 여정을 되풀이해 왔습니다. 성서는 그 설계 내용을 '명확히 암시하는' 책이라고 할 수 있습니다.

성서에 따르면, 묵시록에 기록된 파멸의 예언이 현실화되는 시기는 2000~2006년 정도라고 합니다. 세계 규모의 핵전쟁에 의한 아마겟돈이 그 시초이고 일본을 중심으로 일어나는 대지진이 그 결정타를 이룬다는 것인데, 이것은 내가 고대의 영으로부터 받았던 시기와 거의 비슷합니다.

노스트라다무스의 예언처럼 많은 파멸의 예언은 그 시기가 세기말에 집중되어 있습니다. 21세기에 들어서니 '아무 일도 일어나지 않았다.'며 종말론은 이미 과거의 일이 되었다는 듯 여기는 논조가 있는데, 사실 진짜는 지금부터입니다. 실제로 그 파괴와 동란의 서막이라도 되듯이 중국과 아프리카에서의 홍수, 타이완과 터키의 대지진, 일본에서도 홋카이도 우스 산과 미야케 섬에서의 화산 분출 등 불길한 자연재해가 잇따라 일어나고 있습니다.

인류가 저질러온 잘못에 대한 대가를
치러야 할 때가 오고 있다

　굳이 성서를 예로 들지 않고 일본만 보더라도 옛날부터 종
말의 예언이 행해졌습니다. 전에 성덕태자를 연구하고 있을
때, 태자가 「미연기(未然紀)」「미래기(未來紀)」라는 책에서 역시
다음 세기 초 무렵에 '지축이 기울어지는 대혼란이 일어난다.'
는 내용의 예언을 했음을 알고, 그 시기가 꼭 맞아떨어지는 데
매우 놀랐던 적이 있습니다.

　또한 일본의 고대사에서 빠뜨릴 수 없는 문헌이라 알려진
「다케우치 문서」에는 수만 년 전의 고대문자로 천지동란의
때가 찾아온다고 쓰여 있습니다. 다케우치 문서는 이바라키
현의 이소하라에 있는 황조황태신궁이라는 신사에 보존되어
있는데, 전쟁 때 그 상당수가 불타거나 분실되어 현존하는 것
은 대부분 보수 과정을 거친 것입니다.

　나는 전쟁 전 그곳의 66대째 신주(神主)인 다케우치 교마로라
는 인물과 친분이 있어서 그를 통해 소실되기 전의 문서를 보
고 그 내용을 직접 설명 들은 일도 있기 때문에 틀림없습니다.
시기는 약간 차이가 있지만, 대혼란의 예언은 이미 수만 년 전
의 고대문서에도 확실히 기록되어 있었던 것입니다.

　물론 그러한 예언 따위 절대로 믿지 않는다는 사람도 많을
것입니다. 예언이란 영감(靈感)에 뛰어난 인간이 신의 설계도

중 어느 한 부분에 접했을 때 번뜩이듯 느끼는 미래에 대한 통찰력이라고 생각하는데, 그러한 것은 점괘를 '풀어놓는' 것과 다를 바 없다고 말하는 사람도 당연히 있을 것입니다.

그러나 그런 사람이라도 인간이 지금까지 쌓아온 죄업이 결코 적지 않다는 사실은 부정하지 않을 것입니다. 그것이 예언되어 있는가 어떤가는 차치하고, 파괴나 동란은 그 죄업의 당연한 결과로서 초래되는 것이며 그것은 하나의 죄와 벌, 인과응보의 관계에 있는 것이라고 설명한다면, 카타스트로피의 도래를 오히려 있을 수 있는 일로서 쉽게 납득할 수 있지 않을까 생각합니다.

실제로 인간이 지금도 여기저기서 쌓아가고 있는 나쁜 결과를 초래하게 될 원인의 양상은 심각하다 못해 눈을 가리고 싶어질 정도입니다. 문명이란 삼림을 사막으로 바꾸는 지혜라고 말한 사람도 있는데, 숲을 깎고 산을 무너뜨리고 바다를 메우는 등 인간은 어머니인 대지를 상처투성이로 만들고 있습니다. 그로 인해 온난화와 각종 오염, 환경 파괴가 진행되며 지구는 이미 빈사 직전에 이르렀습니다. 인간은 지구라는 생명체의 암세포와도 같은 것입니다.

인심의 황폐화, 무절제, 퇴폐에 대해서는 말할 것도 없습니다. 이기심과 무책임과 무관심의 범람, 윤리·도덕의 쇠퇴, 살의와 초조함의 증대가 극에 달하고, 부모가 보험금을 노려 자식을 죽이며 자식이 화가 나서 부모를 살해합니다. 부모·자식이 함께 서로 죽인다— 이만큼 큰 죄가 되는 행위가 또 있을까요? 얘기하자면 끝이 없지만 인간의 죄과 · 죄업은 이미 한계를 넘어버린 듯한 느낌이 듭니다.

따라서 이 나쁜 결과를 초래하는 원인이 단죄되는 것은 불가피한 일일 것입니다. 금세기 초, 인간이 지금까지 저질러온 잘못에 대한 대가를 어떤 형태로든 치러야 합니다. 애석하게도 이것은 '예언대로' 틀림없이 일어날 것이라고 생각합니다.

 ## 인간이 더럽힌 것은
인간이 깨끗이 해야 한다

다시 말하자면, 이러한 지구 규모의 파멸 또한 이미 신의 설계도 안에 있는 것입니다. 신이 인간을 포기해서 파멸이 오는 것은 아닙니다. 오히려 그 반대로, 신은 인간이 무엇인가 하도록 변함없이 돌보고 있기 때문에 파멸이라는 형태로 시련을 주는 것이지요. 파멸은 인간의 지나친 죄과를 스스로 수정하게 함으로써 바로잡기 위한 행위의 결과라고도 말할 수 있습니다.

따라서 그것을 파멸이라고 부르는 것은 정확치 않습니다. 내가 말했던 대로 그것은 정화 작용입니다. 파멸이나 종말이라면, 그 이후에는 그야말로 사막과 같은 무(無)가 있을 뿐이겠지요. 하지만 정화나 속죄 행위라면, 죄를 갚고 더러움이 씻긴 뒤에는 사람도 지구도 다시 새롭게 태어난 '신생(新生)의 세계', 즉 진정한 의미에서 평화의 세계가 실현되는 것입니다. 그 재생의 필요조건으로서 파멸이 있는 것입니다.

그리고 그 신생의 세계야말로 내가 대단언에서 말하는 '대화합의 세상'입니다. **대화합의 세상이란** 무엇일까요? 간단히 말하면 **인간 · 하늘 · 땅의 세 가지 평화를 종합한 큰 평화의 세상, 지구 전체의 평화입니다.**

인간의 세계에서 질병 · 빈곤 · 전쟁 등이 제거되더라도 지진이나 홍수와 같은 자연재해, 이상 기후, 환경 오염이 일어난다면 하늘과 땅의 평화는 실현될 수 없습니다. 또한 하늘과 땅에서 그러한 재해가 없어지더라도 인간 세계에 다툼이나 질병이 남아 있으면 인간에게 안녕은 찾아오지 않을 것입니다. 인간을 포함한 모든 생물 · 무생물 · 하늘과 땅 사이에 존재하는 일체의 것들이 조화를 이루어 고통이 사라졌을 때 비로소 진실로 평화로운 대화합의 세상이 '완성되는' 것입니다.

따라서 그것은 신이 마땅히 그러해야 하는 것으로 설계하고 써놓은 각본과 '원본'에 기록된, 이 세상의 완전하고도 필연적인 모습이라고 할 수 있을지도 모릅니다.

카타스트로피(대파멸) 이후 모든 악과 더러움이 깨끗이 씻겨나가고 지구는 새롭게 다시 태어나 안정과 고요함을 회복할 것입니다. 혼란은 조화로 나아가고 파탄은 질서를 되찾아서 지구는 마땅히 그러해야 할 필연적인 모습으로 재생될 것입니다. 또한 대지는 소생하고 바다는 되살아나며, 숲도 강도 아름다움을 되찾을 것입니다. 대기는 청명하고 신록은 빛나며, 물은 영롱한 이슬처럼 달콤하고 맑아질 것입니다.

인간은 어떨까요? 죄를 갚는 과정에서 그 수는 절반 이하로 줄어들 것으로 생각됩니다. 하지만 살아남은 인간들이 그 대화합의 세상을 향해 힘을 합쳐 다시 살아가고, 재건을 시작할 것입니다. 마치 핀드혼으로 이주한 몇몇 사람들이 황폐하기 그지없는 대지에 식물을 심고 야채를 길러서 그곳을 풍요로운 땅으로 바꾸었듯이 말입니다. 앞서 핀드혼이 재생의 작은 모델이라고 말했던 것은 그런 의미입니다.

대화합의 세상은 조화와 질서 아래 존재하는 유토피아입니다. 그리고 카타스트로피라는 큰 도태에서 살아남아, 영혼을 정화하고 그 유토피아 건설의 사명을 맡기 위한 첫 번째 방법이 정심조식법과 대단언의 실천이라는 것은 두말할 필요도 없습니다. 그것을 행함으로써 심신을 튼튼하게 하고 우주무한력을 체내에 가득 채워 상념과 이미지의 힘을 강화시켜 줍니다. 그것이 카타스트로피를 극복하고 대화합의 세상에 새로 태어나서 지구의 재생에 참가하기 위한 필수 조건입니다.

신이 모든 설계도를 그렸다고 말하면, 파괴를 피할 수 있도록 수정해 주면 좋겠다고 생각할지도 모릅니다. 신에게 있어 그렇게 수정하는 것은 매우 간단한 일이지만, 그래도 신은 그렇게 하지 않습니다. 왜냐하면 인간은 스스로 희생을 치러서 속죄할 필요가 있기 때문입니다. 그렇게 하지 않는 한, 스스로 의 악과 죄를 깨닫고 올바른 방향을 향하여 성장해 나갈 수가 없기 때문입니다.

이 세상과 인간을 그르친 것은 인간 자신의 자유 의지입니다. 자유 의지로 그르친 것은 역시 자유 의지로 바로잡아야 합니다. 신은 그렇게 생각하여 인간이 스스로의 손으로 재생 혹은 신생의 길을 개척할 기회를 주는 것인데, 그 가장 좋은 방법이 정심조식법과 대단언이라고 할 수 있습니다.

 ## 욕망이나 미움이 없는 대화합의 세상을 지향하라

대화합의 세상이 어떤 모양일지 좀 더 구체적으로 그려보자면, 그것은 '조화'의 세계이기 때문에 싸움이라든가 말다툼 등이 근절된 평화로운 곳입니다. 따라서 전쟁이나 살인, 차별과 같은 증오와 경쟁심에 기인한 모든 행위가 사라질 것입니다. 우리가 '악'이라고 생각하는 일체의 행위와 사물이 제거되는 것이지요.

또한 사람의 마음은 평화롭고 상냥해지며 정의롭게 바뀝니다. 남을 속이거나 어려움에 빠뜨려 악을 저지르려는 마음이 처음부터 아예 생기지 않게 됩니다. 그것은 결국 신이 인간을 그러해야 하는 것으로 만들었던 최초의 이상적이고 완전한 모습으로 '돌아가는' 것입니다. 악이 존재하지 않기 때문에 법률이라는 것도 불필요하게 되고, 경찰도 법원도 교도소도 소용없게 되겠지요. 아무도 남을 재판하지 않고 재판받지도 않는, 바르고 자주독립적인 개인이 만들어지는 것입니다.

따라서 국가라든가 민족의 개념도 상당히 바뀔 것입니다. 기본적으로는 국경, 민족적 차이 등의 인간과 국가를 가로막는 사고방식 또는 구조가 점차 줄어들고 경계가 사라져 가겠지요. 나는 일본인이지만 당신은 프랑스인이고, 또는 같은 인간이라도 민족이 다르다, 피부색이 다르다, 말이 다르다…… 이러한 차이가 없어지거나 혹은 매우 줄어들게 됩니다. 서로 다른 것보다는 같은 것을 더 중요시하게 된다고 해도 좋을 것입니다.

유럽 여러 나라가 유로라는 공동체를 만들었는데, 전 세계가 가장 완전한 하나의 형태로 형성된다고 생각하면 됩니다. 즉 세계가 하나가 되고, 인류가 하나의 가족이 되는 것입니다. 믿기 어려운 일이라고 생각할지 모르지만, 요컨대 국경이라든가 국적이라는 한 인간의 자유로움을 제한하거나 억압하는 요소가 사라진다고 보면 됩니다.

경제적 격차와 빈부의 차이도 물론 해소됩니다. 가난한 사람이 없어지고 기아와 빈곤 문제가 해결될 것입니다. 바꿔 말하면, 모든 사람이 돈에 자유로워지는 것입니다. 이것은 모두 큰 부자가 되어 유복한 생활을 한다는 것은 아닙니다. 누구나 필요한 것에 어려움을 겪지 않게 된다는 의미입니다. 각자가 필요하다고 생각하는 것은 반드시 누구나 얻을 수 있게 되는 것입니다. **필요한 것은 언제라도 얻을 수 있다고 생각하면, 사람들은 탐욕스럽게 욕심부리지 않게 되고 그 욕망은 도리어 줄어들 것입니다.** 소유욕이라든가 독점욕과 같은, 물건이나 돈에 집착하는 마음이 사라지겠지요. 물론 자신의 집이나 토지는 있지만, 그것을 분수에 맞게 지킬 뿐 그 이상 바라거나 본래 불필요한 것까지 가지려고 지나치게 탐욕을 부리지도 않을 것입니다.

그러한 상태가 대화합의 세상에서는 지구 규모로 일어납니다. 경쟁심과 소유욕은 한편으로 사람을 진보와 향상으로 몰아넣는 엔진 역할도 하지만, 거기에는 브레이크가 없어서 인간은 잘못된 방향으로 욕망을 탐욕으로 채우는 데만 급급해 왔습니다. 그 결과 현재 지구의 참상을 불러오고 만 것입니다.

그것이 개선된 다음에 올 대화합의 세상에서는 사람들이 그러한 작은 욕심을 버리고 우주무한력의 위대한 뜻에 따라 큰 조화를 위해 스스로를 향상시키려는 '큰 욕심'만으로 살아가게 될 것입니다.

한 사람 한 사람이
세계를 개척하는 구세주이다

인간의 몸이 약 60조 개의 세포로 형성되어 있듯이, 그리고 그 하나하나의 세포가 활성화됨으로써 몸 전체가 건강해지듯이, 우리 한 사람 한 사람은 세계를 구성하는 세포입니다. 우리 각자가 세계의 중심에 있다는 자각으로 신체의 건강을 도모하며 건전한 마음과 바른 마음을 품고 살아가도록 노력해야 합니다. 그러면 세계의 평화, 대화합의 세상이 실현될 것입니다.

우리는 우주의 구성원 중 하나이며, 우주무한력의 큰 섭리 안에서 작은 조각을 이루고 있다는 생각으로 정심조식법과 대단언을 실천해 가십시오.

독자 중에 한 분이 이런 편지를 보내왔습니다.

정심조식법과 대단언을 실행하면, 조상이나 자신이 저지른 돌이킬 수 없는 잘못까지도 속죄하고 남음이 있다. 그것은 1만 원의 빚에 10억 원을 갚는 것과 같은 큰 행위이다.

그렇습니다. 그것은 우리의 죄과를 말소할 뿐만 아니라 악을 선으로 바꾸는 고마운 묘법입니다.

정심을 명심하고 조식에 의해 깊은 호흡을 하며, 상념을 발하고 대단언을 염원합시다. 우리 한 사람 한 사람이 그것을 실행하면, 가령 기체가 액체로 되고 다시 고체가 되어 눈앞에 물질로 나타나듯이, 생각과 말의 힘이 엉기고 엉겨 파멸의 세계를 재생시키고 마침내 대화합의 조화로운 세계를 이 지구상에 출현시킬 수 있을 것입니다.

염원이 너무 크고 거창하다고 생각하는 사람도 있을지 모르겠습니다. 그런 사람은 주변의 작은 일부터 시작해도 좋을 것입니다. 그러나 앞에도 썼듯이, 크게 염원하면 작은 것은 저절로 이루어져 버립니다. 극대의 염원은 극소와도 통합니다. 따라서 **세계 평화를 염원하면 당신 개인의 평화와 소망은 자연히 실현**되는 것입니다. 또 반대로, 개인적인 작은 생각이라도 그것을 관철시키면 공적인 큰 소망의 달성으로 이어집니다. 우주무한력은 그렇듯 유연하고 자유로우며 모든 것에 통달하여 막힘이 없는 '자유자재'의 성질을 가지고 있습니다. 그것도 영원히 말라 없어지지 않을 만큼 충분히 말입니다.

그 우주의 원대한 지혜와 힘을 체내에 깊이 호흡함으로써 생명이 본래 지닌 수명을 우주의 원리에 호응시키고 조화시킵니다. 그럼으로써 활기찬 심신의 건강을 얻게 되고 생명 본연의 방향에 따라 올바르게 살아갈 수 있습니다. 조식을 실천하고 정심을 지니며 상념을 발하고 대단언을 실행하십시오. 여러분 한 사람 한 사람이 그러한 생활을 내일부터라도, 아니 오늘 당장부터라도 명심하여 실천해 주기 바랍니다.

인간의 본래 수명은 100년이라고 썼는데, 이제 나는 이 수명에 다다랐습니다. 백 살이 되었으니 나는 언제라도 저세상으로 가도 좋다고 생각합니다. 멋진 저쪽 세계에 비하면, 이 세상이 얼마나 시시하고 초라한 세계인가를 알고 있기 때문입니다. 그럼에도 불구하고 허락 없이 여러분 앞에서 잠시 쓸데없는 이야기를 하고 있는 점을 이해해 주기 바랍니다.

이 책에서 말한 내용은 그러한 의미에서라도 이 늙은이가 유언으로 쓴 것이라고 생각해주면 좋겠습니다. 대화합의 세상이 이루어진 것을 내가 지켜보기는 아무래도 어려울 것입니다. 그 대신 여러분이 그것을 볼 수 있도록, 다시 되풀이하지만 정심조식법과 대단언을 반드시 실천하기 바랍니다.

생각은 염원하면 반드시 이루어집니다. 생각은 누구에게나 어디라도 전해져서 우리 앞에 걸어가야 갈 길을 만드는 것입니다. 마지막으로 나의 그 '생각을 전하며' 펜을 놓습니다.

좋은 생각을 품은 사람 곁에 있으면
자연스레 그 영향을 받아 온화하고
편안한 기분이 되거나 치유되기도 합니다.
싫어하는 사람과 함께 있으면 그곳은
답답하고 험악한 분위기가 되고 맙니다.
밝고 긍정적인 기분으로 사는 사람에게는
밝고 긍정적인 일이 일어나고,
늘 감사하는 마음으로 사는 사람에게는
감사한 일이 일어납니다.

정심조식법

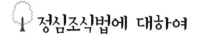

정심조식법에 대하여

　정심조식법은 정심(正心)과 조식(調息)의 두 가지 측면으로 이루어져 있습니다. 정심은 마음을 올바르게 쓰는 방법으로, 하루하루를 밝고 긍정적으로 살며 마음의 건강을 얻기 위한 정신면에서의 마음가짐과 수양법을 의미합니다. 말하자면 '속부분'입니다. 조식은 내 방식으로 만든 복식호흡법으로, 산소를 몸속 깊숙이까지 흡입함으로써 육체의 건강을 향상시키는 '겉 부분'에 해당합니다.

　이 두 가지를 병행하여 실천함으로써 건강하고 건전한 몸과 마음을 얻을 수 있을 뿐만 아니라, 인생의 여러 가지 일과 소망을 자유자재로 이루어주는 힘을 강화시킬 수도 있습니다.

　나는 젊은 시절부터 복식호흡을 시험하고 실천해 왔는데, 예순 살 때 완성한 것이 이 형태입니다. 정심조식법을 실천하게 되면서부터 나의 건강이 더욱 좋아진 것은 본문에서도 말했습니다.

　정심조식법은 단순한 복식호흡이 아니라 우주무한력을 끌어 모아서(집중) 몸과 마음을 건강으로 이끌고, 동시에 상념과 염원을 실현시키는 세련된 방법이기도 합니다.

상념 · 내관의 효능은 그 자체만으로도 물론 크다고 말할 수 있지만, 거기에 렌즈로 햇빛을 끌어 모으듯이 우주무한력을 집중시킴으로써 현실화되는 효과도 더불어 가지고 있습니다.

1. 정심(正心)

이에 대해서는 앞에서 충분히 설명했다고 생각합니다. 정심 조식법에서는 호흡법과 함께 일상생활에서의 올바른 정신을 중시하는, 특히 평상시에 지녀야 할 마음가짐으로서

- 모든 일을 긍정적 · 적극적으로 생각한다.
- 감사의 마음을 잊지 않는다.
- 불평을 하지 않는다.

이 3가지 정신을 유지하고 실천하기 위해 노력합니다. 그 밖에도 많지만 이 3가지가 인생을 밝고 즐겁게, 또한 자신의 뜻하는 바를 자유자재로 이루며 사는 데 필요한 기본적인 마음가짐입니다.

2. 조식(調息)

일본에서는 옛부터 다양한 호흡법이 전해져 왔는데, 그것들을 오랜 기간에 걸쳐 실천 · 연구해 온 결과 그 장점만을 모아서 거의 완전한 호흡법으로 완성시킨 것이 이 복식호흡법입니다.

따라서 이 조식법만 실행해도 건강해져서 병을 예방하고 치료하는 데 큰 효과가 있습니다. 그 효과를 높이기 위한 키포인트는 계속해서 실천하는 데 있습니다. 이 조식법은 언제, 어디서나, 누구라도 간단히 실천할 수 있기 때문에 그만큼 쉽게 지속적으로 할 수 있을 것입니다.

(1) 자세

• 척추를 똑바로 펴고 앉는다 ― 척추를 똑바로 유지함으로써 공기가 폐 밑바닥까지 들어가게 됩니다. 그러나 차렷 자세로 부자연스러울 만큼 똑바로 펼 필요는 없습니다. 척추라는 것은 완만하게 굽어 있는 것이 정상적인 형태인데, 그 자연스런 모양을 유지하면서 턱을 약간 당긴다는 생각으로 어깨를 펴듯이 하면 좋겠지요.

주의해야 할 것은 자세가 좌우로 기울지 않도록 하는 것입니다. 척추는 절구 모양의 뼈 33개가 이어져 있는데, 이것을 부자연스럽게 구부리다가 어긋나기라도 하면 신경을 압박하게 되기 때문입니다.

• 앉는 방법 ― 정좌(正坐)하든, 의자에 앉든, 책상다리로 앉든 어느 것이라도 좋습니다. 무릎이 아픈 사람은 의자에 걸터앉아서 해도 상관없습니다. 상반신은 똑바르게 유지할 필요가 있지만, 하반신의 자세는 '하고 싶은 대로' 자유롭게 하면 됩니다. 다만, 의자에 앉을 때는 의자 등받이에 등을 기대거나

상반신은 똑바로 펴고, 좌우로 기울지 않게 한다.

부자연스러울 만큼 똑바른 것은 아니고, 완만하게 굽어 있는 자연스런 모습

혹은 양 팔꿈치를 팔걸이에 올려놓지 않도록 주의합니다. 또한 책상다리로 앉을 때는 방석을 반으로 접어 엉덩이 밑에 깔아도 좋습니다.

한편 질환이 있거나 몸이 약한 사람은 반듯하게 누운 자세로 해도 됩니다. 이때 양손은 몸 양 옆에 놓고 손바닥을 아래로 향하게 하여 바닥에 붙이듯이 합니다.

(2) '방울도장' 만드는 법

양쪽 손바닥으로 둥근 구슬이나 고무공을 감싸듯이 살짝 맞잡습니다. 나는 이것을 '방울도장'이라고 이름 붙였습니다. 오른손을 위쪽으로 가게 해서 엄지손가락을 교차시키듯이 포개고, 각각의 네 손가락도 가지런히 감싸듯이 포갭니다. 마치 주먹밥을 만들 때 양손으로 가볍게 쥐는 것과 같은 모양입니다.

이 모양을 만들 때는 겨드랑이를 붙이고 팔꿈치를 직각으로 굽힌 다음 양손을 잡습니다. 그렇게 합장하는(양 손바닥을 붙여서 모으는) 형태에서 서로 마찰시키듯이 오른손을 자기 앞쪽으로 90도 비틀어서 손바닥 안쪽을 부풀리듯 둥글게 해도 이 방울도장을 만들 수 있습니다. 이 방울도장은 하늘의 뜻, 우주의 에너지를 받아들이기 쉬운 형태입니다. 말하자면 우주무한력을 체내에 끌어 모을 때의 추진 형상 혹은 추진 장치와 같은 것입니다.

본문에서도 말했지만 방울도장을 만든 손에는 치유력이 가

① 자세를 바르게 하고

② 겨드랑이를 붙이고,
   팔꿈치는 직각이 되게

③ 오른손을 위쪽으로 오게 해서

④ 살짝 주먹을 쥐듯이

득 차 있습니다. 몸에 안 좋은 곳이 있는 사람은 그 손을 갖다 댐으로써 치유 효과가 있습니다. 다른 사람에게 해주는 경우에도 마찬가지로 효과가 있습니다.

또한 방울도장을 만들고 있는 손가락에 차례로 힘을 줌으로써 호흡 횟수를 헤아릴 수 있습니다. 호흡을 몇 번까지 했는지 세던 중 자주 잊어버리게 된다고 말하는 사람을 위한 대처법으로 이 요령을 가르치고 있습니다.

(3) 식법(호흡법)

흡식(吸息)-충식(充息)-토식(吐息)-소식(小息)-정식(靜息)의 순서로 행합니다.

① 흡식(숨을 들이마신다)

코로 조용히 숨을 들이쉽니다. 아랫배의 '단전'에 들숨을 밀어 넣는다는 생각으로 천천히 그리고 충분히 빨아들여 주십시오.

여기서 말하는 단전이란, 같은 배꼽 아래라도 몸의 표면부가 아니라 더 안쪽, 즉 몸 '정중앙'을 가리킨다는 것은 앞에서도 말했습니다. 배의 횡단면에 '田'자를 그렸다고 상상하고 그 중심에 해당하는 공간을 의식하며 힘껏 공기를 밀어넣듯이 합니다. 앞서 말한 대로 폐첨호흡으로는 폐 전체에 공기를 가득 채울 수 없습니다. 반드시 단전에 공기를 밀어넣듯이 강하게 의식하며 실행해 주십시오.

② 충식(숨을 멈추고 아랫배에 힘을 준다)

폐 밑바닥까지 숨이 충분히 들어가게 되면 자연히 횡격막이 쑥 내려갑니다. 이때 단전에 힘을 모은 채 숨을 멈춥니다. 처음에는 아랫배에 공기를 채우고 다음에 그것을 단전으로 밀어넣는 2단계의 동작이 필요한데, 익숙해지면 이것이 일련의 동작으로 자연스럽게 이루어집니다. 즉 몸의 '중심'으로 직접 공기를 들여보내게 되는 것입니다.

또한 이때 항문을 꽉 조여야 하는데, 그럼으로써 복압을 높이는 효과가 나타나며 장(腸) 둘레의 혈관에서 많은 양의 피가 밀려나와 온몸의 혈행이 좋아집니다. 펌프와 같은 효과가 있는 셈입니다. 충식 단계에서 항문을 조이지 않으면, 경우에 따라서는 치질을 악화시키는 예도 있으니 반드시 실행해 주기 바랍니다.

숨을 멈추는 시간은 수 초에서 10초 정도입니다. 고통스럽지 않을 정도로 각자 조정해 보기 바랍니다.

③ 토식(숨을 토해낸다)

코에서 조용히 숨을 토해냅니다. 천천히 배의 힘을 빼면서 배를 들이밀고 충분히 숨을 토해냅니다.

④ 소식(보통의 숨)

보통의 호흡을 한 번만 행합니다.

이상 ①~③까지를 한 세트로 하여 이것을 25회 반복합니다.

노인이나 질환때문에 한 번에 25회씩 하기가 어려운 사람은 아침·낮·저녁 등 몇 차례로 나누어서 해도 상관없습니다. 합쳐서 25회가 되면 괜찮습니다. 한 번에 집중해서 하는 것이 효과는 가장 크지만, 나누어서 해도 비슷한 효과를 얻을 수는 있습니다.

시행 시간은 20분 정도로, 25회를 약 20분에 걸쳐 행하는 것이 이상적입니다. 하루에 20분 정도는 조용히 앉아서 깊은 호흡을 하는 시간을 갖는 것입니다. 그 사실이 중요하며, 그것만으로도 충분히 마음이 안정되어 스트레스 해소에도 큰 도움이 될 것입니다.

⑤ 정식(조용히 보통 호흡을 한다)

25회의 호흡이 끝나면, 단전에 가볍게 힘을 준 채로 조용히 그리고 천천히 보통 호흡을 10회 합니다. 이 시간은 자신의 자유시간이기 때문에 그대로 앉아 있어도 좋고, 병이 있는 사람은 그 병이 나았다고 상념해도 좋습니다. 또한 자기 나름의 상념 주제—'우주와 한몸이 되었다' '급한 성격이 고쳐졌다' 등—를 만들어 그것을 생각해도 좋습니다. 특별히 상념을 발하지 않고 무념무상(無念無想)의 경지를 목표로 삼아도 괜찮습니다.

내가 권하는 것은 이때 '대단언'을 염원하는 것입니다. 대단언에 대해서는 다시 말하겠습니다.

(4) 상념과 내관

가. 상념

'이렇게 되면 좋겠다' '이렇게 되길 바란다' 하는 식의 달성하고 싶은 소망이나 목표가 있는 사람은 조식의 동작에 맞추어 상념을 발해도 좋습니다. 그 생각의 힘이 우주무한력의 가호를 받아 소망을 달성시킬 가능성을 높여줄 것입니다.

① 흡식을 하는 동안 '우주의 무한한 힘이 단전에 모아졌다, 그래서 온몸에 가득 찼다.'고 생각합니다.

② 충식을 하는 동안 자신의 소망을 완료형으로 상념합니다. 즉 병이 있는 사람이라면 '그 병이 나았으면 좋겠다, 낫고 싶다.'라고 바라는 것이 아니라 '병은 나았다' '온몸이 건강해졌다'고 염원하며 단정적으로 생각을 내보내는 것입니다.

③ 토식을 하는 동안 '체내의 노폐물이 빠져나가 온몸이 깨끗해졌다, 젊어졌다.'고 염원합니다.

이렇게 ①~③을 5회 정도 되풀이하는 것이 기본입니다. 소망이나 낫고 싶은 병이 여러 가지 있는 사람은 그 각각에 대해서 몇 번씩 상념하여 그 합계가 25회가 되도록 합니다. 예를 들어, 병이 다섯 가지라면 하나에 5회씩 상념하면 되겠지요. 물론 하나의 소망을 25회 되풀이해도 됩니다.

나. 내관(內觀)

내관이라는 말의 본래 의미는 자기 자신의 마음 상태, 정신의 움직임, 영혼의 존재 방식을 고요히 되돌아보며 관찰하는 것입니다. 정심조식법에서 말하는 내관은 상념의 내용을 '이미지'로 상상하고, 소망이 달성되어 완료된 모습을 머릿속에 떠올리는 것을 의미합니다.

상념이 바깥을 향하여 발해지는 '문자적 생각'이라면, 이 내관은 자신의 안쪽을 향해 떠올리는 '회화적 이미지'라고 말할 수 있습니다. 바꿔 말하면, 상념을 마음의 눈으로 보는 것이 바로 내관인 셈입니다.

예를 들어 불면증이 있는 사람이라면, 이불 속에서 푹 숙면하고 있는 자신의 모습을 상상합니다. 관절염이 있는 사람이라면, 깨끗이 나아서 거리를 활기차게 걷고 있는 모습을 상상하는 것입니다.

(5) 대단언

흡식-충식-토식-소식의 한 세트가 25회 끝나고 정식(靜息)에 들어갔을 때 '대단언'을 염원합니다. 그것은 개인의 행복뿐만 아니라 세계 평화를 실현하기 위한 강력한 말입니다. 예로부터 말에는 혼이 머물러 있다고 해서 '언혼(言魂)'이라는 것도 있는데, '대단언'은 바로 말의 영혼이 응축된 것입니다.

우주의 무한한 힘이 엉기고 엉겨

진정한 대화합의 세상이 열렸다

이것이 내가 말하는 대단언입니다. 물론 자기 나름대로 단언의 내용을 만들어도 됩니다. 이 말을 호흡 5단계 중 정식을 행할 때 호흡과는 관계없이 10회 강하게 염원합니다. 이때 대화합의 세상이 실현되고 있는 모습을 내관하듯이 상상합니다. 앞서 말했듯이, '대화합'이란 하늘·땅·인간 모든 것이 평화로운 상태입니다. 인간세계뿐만 아니라 천재지변도 없고 하늘과 땅에 있는 모든 것이 평온하고 행복한 상태―이것을 또렷이 상상하는 것입니다.

이 실천이 세계에 '큰 조화'를 가져오기 위한 작지만 강력한 요인이 됩니다.

대단언은 정심조식법에서 호흡의 마지막 단계인 정식 때 행하는 것이 가장 효과적이지만, 언제 어디서 하든지 상관은 없습니다. 아침에 일어났을 때나 취침 전 또는 전차 안에서나 길을 걷고 있을 때라도 기회를 찾아내어 대단언을 마음속에서 외치면 좋겠지요.

대단언을 알고 실천하는 사람이 증가하면 할수록 대화합의 평화로운 세상이 빨리 실현될 것입니다.

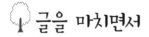
글을 마치면서

이 책은 오랜 기간에 걸쳐 연구하고 실천하며 완성시킨 정심조식법의 올바른 방법과 호흡 및 이미지가 지닌 놀라운 위력, 그리고 우주무한력의 사용 방법까지 총망라하여 정리한 것입니다.

지금까지 본문에서도 거듭 얘기했지만, 마지막으로 다시 한 번 산소와 현대인의 심리적 문제의 관계에 대하여 말하고자 합니다.

요사이 빈발하고 있는 10대 및 젊은 층에 의한 흉악범죄의 가장 큰 요인은 산소 섭취량이 충분치 않다는 데 있습니다. 인간의 행동을 담당하는 뇌에 산소를 충분히 공급하지 않으면, 뇌가 그 진가를 발휘할 수 없습니다. 그것이 가장 우려되는 문제입니다.

뇌가 올바르게 작동하면 인간은 바른 행동만을 하게 됩니다. 신은 인간을 이 세상에 내보낼 때 각자가 '성취해야 할' 사명을 부여하였습니다. 그런데 뇌가 본래의 기능을 발휘하지 못하기 때문에 바르게 살아가지 못하는 인간이 세상에 넘쳐나는 것입니다. 정말 큰 문제가 아닐 수 없습니다.

인간은 모름지기 깊은 호흡을 해야 합니다. 이것은 몇 번을 강조해도 부족할 정도인데, 특히 내가 말하고 싶은 것은 임신 중에 어머니가 가능한 한 깊은 호흡을 해야 한다는 사실입니다.

태어날 아이의 뇌가 형성되는 태아기에 어머니가 충분히 산소를 섭취하면, 태아의 뇌에도 산소가 충분히 공급되어 원래 부여받은 기능이 완전히 발휘될 수 있습니다. 그 결과, 그 아이는 태어나면서부터 자연스레 올바른 생활방식을 지니게 될 것입니다. 그러면 흔히 말하는 난폭한 젊은이는 당연히 없어지겠지요.

태교와 유아교육에 아무리 열심이어도 인간성까지 바꿀 수는 없습니다. 태내에 있을 때 뇌에 산소라는 영양을 충분히 공급해 주어야만 합니다. 태어날 아이의 인생을 위해서도 어머니는 책임감 있게 그 초기 설정을 해야 하는 것입니다.

이를 위한 가장 좋은 방법이 이 책에서 소개한 정심조식법입니다. 물론 단순히 깊은 호흡만 해도 됩니다. 어쨌든 꼭 실행해 주기를 바랍니다.

세상의 모든 사람들에게 이런 생각이 전해져 더 많은 이들이 정심조식법을 실천한다면, 바른 마음으로 살아가는 사람이 늘어나고 나아가서는 세계 전체가 개선될 것임에 틀림없습니다.

무엇이 바르고, 무엇이 바르지 않은가 따위의 논의는 쓸데

없는 것입니다. 그것은 상식의 범위에서 생각하면 됩니다. 각자가 어떻게 사는 것이 올바른 일인가 생각할 필요도 없이, 이미 인간의 기능으로서 부여받았기 때문에 그것을 마음껏 발휘하면 됩니다. 그러기 위해서는 어쨌든 깊은 호흡을 해야 합니다. 그러면 구름이 걷히듯이 올바른 정신을 발휘하게 될 것입니다.

좋은 생각이란 다시 말해 좋은 파동입니다. 좋은 생각과 올바른 정신을 지닌 사람들이 세계를 되살리고 대화합의 세상을 만듭니다. 이 책을 읽고 그런 사람들이 한 사람이라도 늘어날 수 있다면 더 바랄 것이 없겠습니다. 정심조식법의 보급을 내 평생의 일로 여기고 있는 것도 그런 뜻에서입니다.

이 책에 의해 독자 여러분의 인생이 보다 풍요롭고 즐거워지는 것, 그것이 나아가서는 세계 평화로 이어지고 대화합의 세상이 실현되는 것이 나의 가장 큰 염원입니다.

2000년 8월에
시오야 노부오